世界一わかりやすい

No.1エコノミストが書いた

金利の本

みずほ証券
チーフマーケットエコノミスト
UENO Yasunari
上野 泰也 編著

かんき出版

はじめに

「経済から金利を読む」
——債券・為替・株式といった金融市場（マーケット）の世界に身を置くエコノミストとして私が日々、日本や米国などについて行っている重要な仕事です。

たとえば、景気は良くなるのか、悪くなるのか。物価は日本や米国の中央銀行が掲げている目標である２％に向けて本当に上昇していくのか、それともしないのか。国の予算に代表される財政政策や、中央銀行の金融政策は、これからどう動いていくのか。

こうした予測を組み合わせていくと、短期金利と長期金利が今後、マーケットでどのような水準になるのかが導き出されます。

「金利から経済を読む」
——上記とは逆の方向であるこれもまた、私の重要な仕事です。

国内外のマーケット参加者は、自らが立てた予測に基づいて、国債などの債券に代表される金利関連商品の売買を、日々行っています。

膨大な売買が行われ続ける中から形成されてくる金利水準には、市場参加者の経済予測が、ぎゅっと凝縮されています。

そうした金利水準から、景気や物価がこの先どうなりそうかについて、市場の「多数説」が浮かび上がってきます。それをもとに、自分の経済予測をあらためてチェックしてみるわけです。

マーケットで形成される金利水準は私たちの暮らしに、さまざま

な角度から大きな影響を与えています。

　まず、銀行預金をはじめとする金融商品の金利や、住宅ローン・カードローンなどの借り入れ金利の水準が、市場での金利動向から変わってきます。

　また、私たちがもらうことのできる年金の金額にも、金利は影響してきます。年金を支払うための原資の一定割合は内外の債券で運用されているので、金利の動向により運用実績の良し悪しが決まってきます。

　さらに、私たちの暮らしを支える政府の財政状況にも、金利は影響を与えます。国や地方自治体の財政運営は、税金だけでは足りません。借りたお金の元本返済・金利支払いを約束した借用証書（国債・地方債）を発行して市場からお金を借りることで、必要な額をまかなっているのです。もし金利が経済の実情にそぐわないほど高くなってしまったら、金利支払いの負担が重くなって、国や地方の台所事情はさらに苦しくなってしまいます。最終的には、政府が大増税を実行して、借金の返済に充てようとするかもしれません。

　このように、「金利が将来どう動くか」を知ることは、一個人のお金の損得という範囲を大きく超えて、日本の将来を大きく左右する大きな問題でもあるのです。

　だから、金利の知識を身につけることは、私たちがこの不透明な時代を生き抜いていくうえで、とても重要だと言えるでしょう。

　この本は、難しい専門用語はかみ砕いて説明し、身近な具体例を織り交ぜながら、「金利」という重要なマーケットについてまとめたものです。これを読むことによって「生きた」金利と経済の知識

が身につくはずです。

　最初に本書が刊行されたのは2010年でした。その後、2013年には日銀が異次元緩和を開始。2016年にはマイナス金利が導入されるなど、国内の金利のマーケットは様子がだいぶ変わりました。この本で解説している金利の動き方についてのベーシックな知識が通用しない場面が多くなるところまで、債券市場の機能は低下してしまっています。

　ですが、物事に取り組む際にはやはり、基本が大事でしょう。まず基本を押さえたうえで、米国や欧州と比べた日本の金利形成の特異性を探求してみるという順番でよいと思います。

　それではさっそく、金利の世界の探検を始めていくことにしましょう。

2018年4月　上野　泰也

※Part 1～5、8～9は河合が執筆し、上野が監修。Part 6～7は上野が執筆しました。

No.1エコノミストが書いた
世界一わかりやすい金利の本

CONTENTS

はじめに ……………………………………………………………………… 002

Part 1 金利は私たちにとって最も身近な経済ルール

01 金利ってそもそも何だろう? …………………………………… 020
金利はお金の貸借料
貸借のしくみは1200年前からあった
貸借のしくみがあるから高価な買い物ができる

02 金利を表す言葉は4種類ある ………………………………… 024
「借りる金利」「貸す金利」に大きく分かれる
金利・利率は％表示、利息・利子は円表示

03 金利を読みこなせるようになろう ……………………………… 027
年利、利息の計算方法はとても簡単
月利、日歩とは?
プロの世界は「ベーシスポイント」を使う
優遇金利のカラクリにダマされないようにしよう

04 固定金利と変動金利の特徴を押さえよう …………………… 031
固定金利と変動金利の違い
固定金利と変動金利、どちらが得?

05 なぜ預ける金利よりも借りる金利が高い? ………………… 034
銀行の儲けは貸出金利と預金金利の差額分
借入・預入期間が長くなるほど金利が高くなる

06　金利の変動は個人にどんな影響を与える? ····· 037
上がると住宅ローン利用者は困る
上がると得するのは変動金利型商品
下がると老後生活者は困る

07　金利の変動は企業にどんな影響を与える? ····· 042
企業はなぜ金利を払ってまで借りる?
上がると利払い負担が増えて企業が苦しむ
借入金依存度が低い企業ほど健全性が高い
下がると企業の設備投資が活発になる
下がると企業が社債を発行するメリットが出てくる

08　金利に詳しくなると得をする ····· 049
住宅ローン選び、お金の運用が上手になる
経済を先読みできるようになる
金融詐欺に遭うリスクが減る

Part 2　金利を決める金融市場の基本的なしくみを理解しよう

01　金融市場で貸し手と借り手がお金を融通し合う ····· 054
金利水準は金融市場で決まる

02　金融市場は取引期間の長さで2つに分かれる ····· 056
短期金融市場と長期金融市場がある

03 短期金融市場①
金融機関が参加するインターバンク市場 ……… 058
短期金融市場には2つの市場がある
コール市場の中心は「無担保コール翌日物」
ダイレクトディーリングと短資会社経由の取引がある

04 短期金融市場②
金融機関以外も参加するオープン市場 ……… 063
オープン市場の5つの主な取引

05 短期金利の代表的な指標は？ ……… 065
TIBORは銀行どうしの期間別の平均貸出金利
ユーロ円TIBORは海外の円資金取引の平均貸出金利
LIBORは国際的な短期金利の指標

06 短期金利の決まり方 ……… 069
日銀は公開市場操作で市場金利を誘導

07 1年超の取引が行われる長期金融市場 ……… 071
長期金融市場＝債券市場
国債は債券取引の主役
長期金利の指標は「新発10年物国債」の利回り
債券の価格と流通利回りは正反対の関係にある

08 長期金利の決まり方 ……… 079
長期金利は将来の経済予想に左右される

09 規制金利から自由金利に変わった ……… 082
規制金利でどの銀行の金利も同じだった
1994年にはすべての預金金利が自由化

旧公定歩合はコール市場の上限金利の役目を果たす

Part 3 金融市場と市場金利の動向を詳しくみてみよう

01 短期金利の動向を読む ……………………… 086
無担保コール翌日物金利は日本経済を反映している
TIBORの変動は個人にも関わってくる

02 長期金利の動向を読む ……………………… 091
信用リスクが最も低い貸出先は国

03 長短の期間別利回りを結ぶと
金利の方向感がわかる ……………………… 093
時々の状況で形が変わるイールドカーブ
短期よりも長期の利回りが低いときもある
バブル崩壊後の日本で起きた逆イールド現象
ギリシャ危機で逆イールド現象が発生

04 金利・債券の先物取引から金利動向を読む ……… 099
先物取引とは将来の価格を現時点で取引するもの
金利先物取引のしくみ
債券先物取引のしくみ
近年は市場機能低下により金利先読みは困難に

05 金利を対象とする金利オプション取引 ……… 105
オプションとは売買する権利のこと
身近な金融商品に使われるキャップとフロア

06　金利スワップから金利動向を読む　　107
固定金利と変動金利を交換して有利な取引をする
OISから日銀の金融政策の動きを読む

Part 4　経済が金利を動かすしくみを理解しよう

01　需要と供給のバランスが金利を決める　　110
お金の需給バランスで動くのが基本
為替レートよりもコントロールされている

02　景気の良し悪しでどう変わる?　　112
金利は景気循環に大きく左右される
金利には景気を落ち着かせる力がある
長期金利は経済成長率と連動している

03　物価の上昇、下落はどう影響してくる?　　117
物価が上昇すると金利が上がる
金利の本当の価値は実質金利で考えよう
物価が上がっている場合はどうなる?
物価上昇率がマイナスの場合はどうなる?
物価上昇率はマイナス、預金金利はプラスの理由
物価上昇時は預金金利も連動して上昇する

04　金融政策はどう作用する?　　125
伝統的金融政策をおさらいする
オペで金利を誘導する公開市場操作
公定歩合の性格は正反対になった
1991年以降、預金準備率操作は行われていない

非伝統的金融政策を世界に先駆けて採用
日本初の「マイナス金利政策」を導入
「イールドカーブ・コントロール」を導入

05　財政政策でどのように動く? ······ 136
財政政策の拡張・緊縮と長期金利の関係
財政政策が拡張方向で運営された場合は?
財政政策が緊縮方向で運営された場合は?

06　為替相場の変動はどう作用する? ······ 139
為替相場は日々変動している
為替相場が物価を動かし、金利に影響を与える
金利が為替相場に与える影響は?

07　株式相場が上昇・下落するとどうなる? ······ 143
株価と金利は相関関係にある

08　米国の金融政策が日本の金利を動かす ······ 146
各国経済は米国を中心につながっている
米国が主導して協調利下げが行われた
今後のFRBの出方で世界経済が変わる

09　信用度合いで金利が変わってくる ······ 149
信用度が低いとリスクプレミアムが高くなる
期間や流動性でリスクプレミアムが変わる

10　格付会社の評価で変わってくる ······ 152
債券のデフォルトリスクを格付けでみる
格付会社の評価は絶対的なものではない
格付けで発行体の資金調達コストが変わる

Part 5 金利を動かすプレーヤーたち

01 日本銀行が金利を動かす ……………………………… 160
「金融政策決定会合」で金融政策の方針が決まる
景気を回復させようとした金融政策とその結果
異次元緩和の出口戦略はどうなる?

02 政府の国債発行が金利を動かす ……………………… 174
大幅に足りない税収を国債発行で穴埋めしている
新規国債のほとんどは「市中消化」で買われている
日銀は国債満期到来額の範囲内しか買えない

03 巨額の取引で相場を動かす機関投資家 …………… 179
債券市場は日本最大の金融市場
海外の投機筋が仕掛ける売買で相場が大きく動く
日本国債の先物取引のシェア1位は海外投資家

04 大きな影響力をもつ企業の資金需要と銀行の融資 …… 182
日本企業の資金需要は低調が続く
企業の資金需要と銀行の貸出金利は表裏一体
銀行の健全性も金利に影響を与える

05 個人の資産運用の動向がとても重要 ………………… 186
個人は銀行にとって重要な資金供給者
金融資産の行き先が金利に影響を及ぼす

Part 6 世界の中央銀行と政策金利をみてみよう

01 米国のFRBは世界経済に大きな影響を及ぼす ……… 190
中枢のFRBと12の地区連銀で構成される
金融危機でFRBがとった政策
政策金利はフェデラルファンドレート
ドルペッグ制の国はより大きな影響を受ける

02 ユーロ圏の金融政策を一元的に担うECB ……… 198
ECBは物価の安定を何よりも重視
「南」が2人になってバランスが崩れたトップ人事
金利変動を一定の範囲内に収める
ユーロ圏を1つの金融政策でまとめるのは難しい

03 英国のBOEは「ブレグジット」で難しい舵取り ……… 205
2%のインフレ目標を掲げて金融政策を運営

04 永世中立国スイスの金融政策を担うSNB ……… 208
政策金利は四半期に一度公表される

05 カナダの金利を動かすBOC ……… 210
政策金利は米国との金利差が関係してくる

06 オーストラリアのRBAとニュージーランドのRBNZ …… 212
強みと弱みがあるオーストラリア
かつては高金利国の代表だったニュージーランド

07 BRICsの金利を動かす4つの中央銀行 ・・・・・・・・ 215
物価の落ち着きで積極利下げのブラジル中央銀行
段階的に利下げしているロシア連邦中央銀行
英国型のMPC（金融政策委員会）を採用したインド準備銀行
共産党・政府から独立していない中国人民銀行

Part 7 金利動向を読み解く考え方とテクニック

01 プロは金利動向をどのように予測している？ ・・・・・・ 222
3つのステップで予測シナリオを構築する
名目GDPをみれば長期金利の動向を読める

02 日銀の金融政策の方向性を読む判断資料は？ ・・・・・・ 228
金融政策決定会合の結果と年4回の経済見通しに注目

03 金利動向を読むために注目する日本の経済指標 ・・・・・・ 230
5つの経済指標が経済と金利の動向を判断する柱

04 日本の金利が欧米よりも低いのはなぜ？ ・・・・・・ 235
米国と比べて日本の長期金利は低水準
低金利は日本経済の実情を反映している

05 「悪い金利上昇」が起こると経済はどうなる？ ・・・・・・ 237
景気拡大をともなうのが「良い金利上昇」
景気以外の要因で上がるのが「悪い金利上昇」

06 日本経済の「トリプル安」が続く危険性はどのくらい? ... 240
株・円・債券すべてが売りを浴びて価値が下がる「トリプル安」
個人投資家の将来の行動が鍵を握る

07 米国債の暴落説は信用できる? ... 243
あいまいな「暴落」の定義
米国債相場の下落はあっても一時的でしかない
米国債に代わる金融資産は見当たらない

08 憂慮すべき債券市場の機能低下 ... 246
超低金利で短期金融市場の機能がまず低下
債券市場のインフラ劣化がじわじわ進行中

09 内外金利差が注目されてキャリー取引が行われる ... 249
低金利通貨で調達し、高金利通貨で運用する
キャリー取引にひそむ大きなリスク

10 国内、海外の要人発言はこう読め! ... 252
発言者の立場に立って考えてみるクセをつける
話の結論部分だけに注目すると判断を誤りやすい
「ポジショントーク」と「ヘッジをかける」

Part 8 投資の金利・利回りに強くなろう

01 はじめに単利計算の方法を覚えよう ……… 258
単利計算のやり方
期間が1年に満たない単利計算

02 複利計算の方法を覚えよう ……… 260
元本と一定の期間内に生じた利息の合計額に利息がつく
6カ月複利よりも3カ月複利が得

03 課税繰り延べの金融商品は有利 ……… 262
金融商品の利息には20.315%の税金がかかる
運用期間が長くなるほど差が広がる

04 外貨預金の利回りは為替に注意する ……… 264
外貨預金は円安による為替差益が重要

05 債券投資には3つの利回りがある ……… 266
「応募者利回り」は新発債を満期まで所有した利回り
「最終利回り」は既発債を満期まで所有した利回り
「所有期間利回り」は既発債を満期前に売却した利回り

06 2つの収益から投資信託の利回りを求める ……… 269
投資信託の収益性を測る総合利回り

07 アパート・マンション投資の2つの利回り ……… 271
物件の収益力をざっとつかめる「表面利回り」
正確な収益力は「実質利回り」で判断する

Part 9 借りる金利・利回りに強くなろう

01 ローンの返済方法① 元金均等償還方式 ……… 274
元金の返済額が毎回同じ返済方法

02 ローンの返済方法② 元利均等償還方式 ……… 276
返済額は毎回一定だが、元金と利息の比率が変わる

03 ローンの返済方法③ アドオン方式 ……… 278
最後まで当初の借入元金で利息を計算

04 住宅ローン金利の種類と選び方 ……… 279
変動金利型のしくみとルール
3種類の固定金利型住宅ローン

05 金利負担を減らせる住宅ローンの一部繰り上げ返済 … 282
「返済額軽減型」と「期間短縮型」がある

06 支払利息を減らす住宅ローンの借り換え ……… 284
金利差1％以上が目安

・本書のデータは、本文中に断りがない場合、2017年12月時点のものです。
・ドルの金額をカッコ内で円換算している場合は、1ドル＝110円で算出しています。

Part 1

金利は私たちにとって最も身近な経済ルール

No. 01

金利って
そもそも何だろう？

金利は、経済が活発に動いていくために、なくてはならない大切なしくみ。

▶ 金利はお金の貸借料

「金利」とは、簡単にいってしまうと、「お金の貸借料」のことです。

私たちは、「お金」そのものを、商品やサービスを売り買いするための決済手段として使っています。

ところが、手持ちのお金が足りない場合、他人からお金を借りることがあります。お金を返す際には、お金を貸してくれたお礼として、金利という貸借料を上乗せして支払います。

つまり、私たちが借りたお金には、金利という貸借料がついたのだと理解してください。

もう少し経済学的ないい方をすると、金利とは、お金が余っている経済主体（企業や家計などの経済活動の担い手のこと）から、お金が足りない経済主体が、お金を借りたときに支払う「お金の貸借料」のことです。

▶ 貸借のしくみは1200年前からあった

「あるモノを借りたときは、約束した返済日に、借りたモノに貸借料を上乗せして返す」という貸借のしくみは、8世紀ごろの古代日

お金を借りたら金利という貸借料がかかる

本にすでにあったようです。

それは「出挙」という制度です。国や裕福な人は、春に農民に稲を貸しつけ、秋の収穫期に貸借料を上乗せして返済させていました。

当時の日本は、農業が生活の中心でした。農作物の生産に欠かせない稲や種をもっていなければ、他人から借りるしかありません。そこで貧しい農民は、稲や種をたくさんもっている国や裕福な人から、必要な量を借りていたのです。

当時は、稲や種自体がとても価値あるもので、貸す側からすれば、タダで貸すというわけにはいきません。そこで、「少し上乗せして返すなら、貸してもいい」ということになりました。この上乗せぶんが稲や種の貸借料です。

稲や種を貸して貸借料を得る、貸借料を払って必要な稲や種を手に入れる。双方にメリットがある貸借のしくみによって、社会が動

いていたのです。

　現代社会でも基本的な貸借のしくみは同じ。お金をたくさんもっている人が不足している人に貸し、借りた人はいくらかの貸借料を上乗せして返す。その貸借料が「金利」なのです。

▶貸借のしくみがあるから高価な買い物ができる

　住宅ローンを例に、貸借のしくみを考えてみましょう。
「いつか一戸建ての家に住みたい」と思っていた田中さん夫妻。結婚後10年間、がんばったかいあって住宅購入資金1000万円を貯め、物件探しを始めました。
　そして目をつけたのが、スター不動産が売り出し中の3500万円の一戸建て。でも、貯金1000万円では購入資金が足りません。そこで、田中さん夫妻は、不足分2500万円を青山銀行の住宅ローンで借りることにしました。
　条件は返済期間25年、金利3％で、月々の返済額は約12万円。「月々約12万円を25年間支払う」（総支払額3556万5749円）ということです。金利（貸借料）は、以下のようになります。

3556万5749円－2500万円＝1056万5749円

　田中さん夫妻は、無事にローン審査に通り、念願のマイホームを手に入れることができました。
　この金利を高すぎると思うかどうかは人それぞれですが、もし金利を払ってお金を借りるしくみ（ローン）がなかったら、おそらくあと25年間、マイホームに住むことはできなかったのです。

住宅ローンを借りて家を購入

　個人も企業も、何らかの目的を達成するためにお金が必要なとき、銀行からお金を借りることができます。銀行は、貸したお金の金利を受け取って利益を得るという企業活動を行っています。

　お金を借りるという手段があるからこそ、私たち個人は、高価なモノやサービスを手に入れて、豊かな生活を送ることができます。そして企業は、モノやサービスを提供し、その利益で経営を維持、発展させていくことができます。

　つまり、**経済を活性化させているのは金利のしくみなのです**。金利は私たちの生活に欠かせない最も身近な経済ルールであり、誰もがぜひ知っておくべき重要な知識であるといえます。

No.02
金利を表す言葉は4種類ある

金利のほかに、利率、利息、利子という言葉がある。どう使い分けられている?

▶「借りる金利」「貸す金利」に大きく分かれる

世の中には実にさまざまな金利がありますが、以下の2つに大きく分かれます。

①お金を借りて支払う金利

身近なものは、住宅ローンやカードローンなどの金利です。

私たちがお金を借りるときに支払う金利は、「○%」と表示されます。○%とは貸借料のことで、「元金」に対する割合です。

ここで元金と「元本」の違いを覚えておきましょう。

・元金→借りた金額
・元本→投資した金額

たとえば、銀行からローンで1000万円(元金)を借り、1年間の貸借料が10万円とすると、金利は以下のようになります。

10万円÷1000万円×100＝金利1%

元金と元本の違い

②お金を貸して（預けて）受け取る金利

　身近なものでは、普通預金や定期預金などの金利です。

　私たちが銀行にお金を預けるということは、銀行にお金を貸しているのと同じと考えてください。

　たとえば、金利1％の定期預金（預入期間1年）に100万円を預けたとすると、銀行が預金者に支払う貸借料は、

100万円×0.01（金利1％）＝1万円

となり、私たちは1年後の満期に101万円（100万円＋1万円）を受け取ります（税金考慮せず。以下同じ）。

▶ 金利・利率は％表示、利息・利子は円表示

　銀行などでパンフレットをみていると、金利のほかに、「利率」「利息」「利子」という金利と同じような意味の言葉が出てきます。これらは使われ方に違いがあります。

金融商品の説明や新聞の経済記事の内容をきちんと理解するためにも、ここで違いを覚えておきましょう。

①**金利と利率**

お金の貸し借りに適用される貸借料で、**元金や元本に対する割合（％表示）のこと**。意味は同じですが、使われ方が違います。

金利は、「市場金利が上昇した」「米国の金利が下がった」というように、マクロ経済（国全体の経済）の観点から表現するときにも使われますが、利率はこうした使い方はしません。

利率は、「定期預金の利率が1％」のように、主に金融商品の収益率（投資金額に対して得られる利益の割合）を表すときに使われます。

②**利息と利子**

元本に対する金利（利率）で算出される金額のこと。たとえば、「定期預金の利息が1万円ついた」のように使います。

意味は同じですが、預金の場合は**利息**、債券（お金を借りるために発行する証書）の場合は**利子**を使うのが一般的です。

ところで、銀行の店頭にある定期預金の金利（利率）を預入期間ごとに並べたボードは、なぜ金利表示になっているのでしょうか。

理由は簡単で、利息の金額は元本によって変わってしまうからです。たとえば、定期預金（預入期間1年）の金利が3％の場合、1年後に受け取れる利息は、100万円預けた人は3万円、800万円預けた人は24万円と、元本の額で違ってきます。

そこで、来店したお客様が「これだけ預ければこれだけの利息がつく」と、自分で計算できる金利表示になっているわけです。

No. 03

金利を読みこなせるようになろう

金融商品の金利表示の基本は、1年間の利息の割合である年利。
お金の運用に強くなるためにも必須の知識。

▶ 年利、利息の計算方法はとても簡単

利息を計算するときのもととなる金利の表示は通常、「**年利**」です。年利とは、元本に対する1年間の利息の割合（％表示）で、以下の計算式で求めます。

利息÷元本÷期間（年）×100＝年利（％）

たとえば、100万円を定期預金に預けて1年後に3万円の利息がついたとすると、年利は、

3万円÷100万円÷1（年）×100＝3％

次に、何年間預けたら、いくらの利息がつくかは、以下の計算式で求めます。

元本×年利×預入期間＝利息（円）

それでは、100万円を年利3%で預けた場合、預入期間ごとに利息がいくらになるかを計算してみましょう。
・1年間預けた場合
利息＝100万円×3%×1年＝3万円
・3年間預けた場合
利息＝100万円×3%×3年＝9万円

　月単位なら、預入期間＝「**預入月数÷12カ月**」で計算します。
・3カ月間預けた場合
利息＝100万円×3%×（3カ月÷12カ月）＝7500円

　日単位なら、預入期間＝「**預入日数÷365日**」で計算します。
・130日間預けた場合
利息＝100万円×3%×（130日÷365日）≒1万684円

▶ 月利、日歩とは？

「月利（げつり）」「日歩（ひぶ）」という表示方法もあります。年利ほど使われていませんが、金利の基礎知識なので覚えておきましょう。

①月利

　1カ月間につく金利のことで、％表示します。たとえば、月利0.5%で元本100万円を運用した場合、1カ月あたりの利息は、

100万円×0.5%＝5000円

　月利は、12倍すると年利になります。つまり、月利0.5%は、年利に換算すると6%（0.5%×12カ月）となるわけです。

②日歩

　1日あたりの利息で、100円に対して1日いくらの利息がつくかを表します。単位は「○銭○厘○毛」です。たとえば、「日歩1銭」は0.01％（1銭÷100円）。日歩1銭で1万円を借りると、1日あたりの利息は、

1万円×0.01％＝1円

　日歩は、365倍すると年利になります。つまり、日歩0.01％は、年利に換算すると3.65％（0.01％×365日）となるわけです。

▶プロの世界は「ベーシスポイント」を使う

　金利を表示する単位は通常、パーセント（％）を使いますが、金融市場のプロは、「ベーシスポイント（ベーシス）」をよく使います。記号は「bp」「bps」と書き、**1ベーシスポイント＝0.01％**です。

　市場での金利変動は普通、何％単位での大きな動きではなく、短期金融市場（→P58）では0.01％単位、長期金融市場（債券市場）（→P71）では0.005％単位の小さな変動です。いちいち％表示では面倒なので、ベーシスポイントで金利を表すのです。

　「今日は金利が15ベーシス上がった」というのは、金利が0.15％上がったという意味、「2.5ベーシス下がった」というのは、0.025％下がったという意味です。

▶優遇金利のカラクリにダマされないようにしよう

　現在、預金やローンなど金融商品の金利は、基本的に年利で表示されます。預入期間が1カ月、3カ月、6カ月など1年未満の定期預

金の場合でも、金利は年利で表示されています。

　ボーナス時期になると、銀行はどこも金利優遇キャンペーンを張って預金を集めようとしますが、一部のパンフレットにみられる年利のみせ方の"マジック"には注意が必要です。

　たとえば、2009年夏に、ある銀行が「米ドル定期預金、年6％」と大々的にキャンペーンを打ち出していました。
「年6％」という数字をみて、「これはスゴイ。100万円預けたら1年で6万円の利息がつく」と思った人も少なくないでしょう。

　でも、よくみると「1カ月物（預入期間1カ月のこと）」とただし書きがありました。つまり、この高金利は最初の1カ月間だけ。後は、通常の金利水準に戻ってしまうという意味なのです。

　1万ドル（約110万円）を預けて1カ月後に受け取れる利息は以下の通り（税金、為替手数料考慮せず。以下同じ）。

$$1万ドル \times 6\% \times \frac{1}{12}カ月 = 50ドル（約5500円）$$

　その後は、通常の米ドル定期預金（預入期間1カ月）の金利が適用されます。当時（2009年夏）の金利水準は0.02％なので、1カ月後に受け取れる利息は以下のようになり、おいしくないですね。

$$1万ドル \times 0.02\% \times \frac{1}{12}カ月 \fallingdotseq 0.166ドル（約18.26円）$$

「年6％」という数字だけにひかれて米ドル定期預金を申し込み、後から「何だかうまくダマされた」と思った人もいるかもしれません。でも、金利の基礎知識があれば、パンフレットをみただけで、実際にはどういう預金商品なのか気づいていたはずです。

No. 04
固定金利と変動金利の特徴を押さえよう

固定金利は金利が最初から最後まで変わらない。変動金利は金利が一定期間ごとに変わる。

▶ 固定金利と変動金利の違い

　住宅ローンを借りるとき、「固定金利」と「変動金利」のどちらにすればいいのか頭を悩ませる人も多いでしょう。どちらを選ぶかで総返済額が大きく変わってくるからです。

　お金を運用する金融商品も、固定金利か変動金利かで運用成果が大きく左右されます。

　つまり、固定金利と変動金利の意味をよく知っておくことが、とても大事なのです。

①固定金利

　金利は最初から最後まで固定され、まったく変わりません。代表的な金融商品は、定期預金、個人向け国債（5年物）などです。

　たとえば、定期預金（預入期間5年・金利固定）に最初に預けたときの金利が3%とします。すると、3%は満期になる5年後まで変わることなく、ずっと同じです。

②変動金利

　一定期間ごとに金利が見直されます。代表的な金融商品は、変動

金利定期預金、個人向け国債（10年物）などです。

たとえば、定期預金（預入期間5年・6カ月ごとに金利見直し）に預けるとします。

最初に預けたときの金利は3%とします。

その後、世の中の金利が上がれば、半年後に定期預金の金利も上がって4%になっているかもしれません。

逆に、世の中の金利が下がれば、半年後に定期預金の金利も下がって、2%になっているかもしれません。

このように、変動金利型の金融商品では、世の中の金利の変化に合わせて、金利が見直されます。

▶ 固定金利と変動金利、どちらが得？

では、固定金利と変動金利のどちらを選べば得でしょうか。それは、世の中の金利がどう動くかによって変わってきます。

①今後、金利上昇が見込まれる場合

金融商品を買うなら変動金利が有利です。世の中の金利が上がれば、変動金利型金融商品の金利も上がるからです。逆に固定金利の金融商品は、金利上昇のうまみを受けられないので損です。

住宅ローンを借りるなら、固定金利が有利です。世の中の金利が上がっても、低い借入金利のまま固定されるからです。逆に変動金利のローンは、金利上昇にともなって返済金額が増えてしまうので損です。

②今後、金利低下が見込まれる場合

金融商品を買うなら固定金利が有利です。世の中の金利が下がっても、固定金利型金融商品は高い金利のまま固定されるからです。

固定金利と変動金利の選び方

❶今後、金利が上がりそうなとき

❷今後、金利が下がりそうなとき

逆に変動金利の金融商品は、金利低下にともなって低い金利になって利息が減るので損です。

　住宅ローンを借りるなら、変動金利が有利です。世の中の金利が下がれば、借入金利も下がるからです。逆に固定金利のローンは、金利が下がっているにもかかわらず、高い金利を払い続けるので損です。

No.05

なぜ預ける金利よりも借りる金利が高い?

預金者に支払う「預金金利」など、資金調達コストに銀行の利益が上乗せされて、企業や個人に貸し出す「貸出金利」が決まる。

▶ 銀行の儲けは貸出金利と預金金利の差額分

　企業や個人は、余っているお金を銀行に預金として預けます。銀行はその預金を、お金を借りたい企業や個人に貸し出しています。
　銀行は、お金を貸したい人と、お金を借りたい人との間を取りもつ役割(**金融仲介機能**)を担っているのです(右の図)。
　銀行は、預金者や金融市場からお金を調達して貸し出していますが、その際に支払う金利が、銀行の「**資金調達コスト**」になります。
　銀行は貸出金利を、資金調達コストの金利水準よりも高く設定します。その差額分が「**利ざや**」と呼ばれ、銀行の儲けになるのです。よって、預金金利と貸出金利は常に以下のような関係にあります。

| 預金金利　<　貸出金利 |

　私たちが銀行からお金を借りるときは、常に預金金利などの資金調達コストに銀行の利益がプラスされた高い金利で借りることになるのです。
　たとえば、年利1％の預金で1億円を集め、企業に年利3％で貸

し出した場合、銀行が1年間に得る利ざやを考えてみましょう（税金考慮せず）。

・銀行が預金者に支払う金額

1億円×1%×1年＝100万円

・銀行が貸出先から受け取る金額

1億円×3%×1年＝300万円

よって利ざやは、200万円（300万円－100万円）になります。

▶ 借入・預入期間が長くなるほど金利が高くなる

　金利は、期間の長さで変わってきます。たとえば、1カ月間と10年間では金利はまったく違います。期間で比べた金利の関係は以下のようになります。

・借入期間の短い金利　＜　借入期間の長い金利
・預入期間の短い金利　＜　預入期間の長い金利

　貸し出す銀行側からすると、長期にわたってお金を貸すのは何かと不安です。不測の事態が起きて、返済が途絶えるかもしれません。
　そこで返済されない可能性を考えて、借入期間が長くなるほど、金利を高くするのです。金融市場の金利水準も通常、期間が長いほうが高くなっています（イールドカーブ→P93）。
　一方、預ける預金者側からすると、「長期間預けるのだから、その間銀行はお金を長く運用できるはず。だから、預ける期間が長くなるほど金利が高いのは当たり前」と考えるのです。

No.06

金利の変動は個人に
どんな影響を与える?

金利上昇はお金の運用にプラス、低下は住宅ローン利用者など借りる側にプラスとなる。

▶ 上がると住宅ローン利用者は困る

　まず、金利が上がったケースから考えてみましょう。

　銀行の金利が上昇した場合、困るのは住宅ローンの利用者です。

　たとえば、あなたが金利3％、返済期間25年で3000万円を借りているとします。この場合、毎月の返済額は約14万2000円(ボーナス時増額なし)ですが、金利が上がると毎月の返済額は以下のように増えていきます(借入金3000万円で試算)。

・1％上昇して金利4％になると、毎月返済額＝約16万円
・2％上昇して金利5％になると、毎月返済額＝約17万5000円

　金利が上がって毎月2～3万円も出費が増えると、家計にとって大きなダメージになります。しわ寄せがきて、「お父さんのお小遣いカット」なんてことにもなりかねません。

　ただし、変動金利型は一般的に、金利が上がっても5年間、毎月の返済額が変わりません。それを根拠に、「安心だ」と思う人もいるでしょう。しかし、住宅ローンの内訳をよくみると、毎月の返済

額は変わりませんが、総支払額が大きくなっています。なぜなら、金利が上昇したぶん、利息分の支払額が増えたからです。

▶ 上がると得するのは変動金利型商品

　反対に、喜ぶ人もいます。

　金利が上がると、定期的に利率が見直される「変動金利型」の金融商品の利率も上がるので、それを買っている人は得をします。たとえば、定期預金や個人向け国債には、変動金利型があります。

　個人向け国債とは、個人だけが購入できる国債（→P47）のことです。いくつか種類がありますが、償還期間10年・変動金利型（半

金利変動の影響が大きい老後生活者

年ごとに利率見直し)のケースで説明しましょう。

この個人向け国債の利率は、「基準金利（%）－0.8%」で決められます。基準金利は、直前に発行される「10年物利付国債（10年物国債）」につけられた利率です。

基準金利が2%の場合、個人向け国債の利率は、

2%－0.8%＝1.2%

ここから金利が上昇して、基準金利が3%になったとします。すると、個人向け国債の利率は2.2%（3%－0.8%）に上がりますね。

▶下がると老後生活者は困る

では、金利が下がった場合を考えてみましょう。

最も困るのは、退職後、定期的に受け取れる年金に加え、それまでに貯めた預金で暮らしている老後生活者です。金利が下がれば下がるほど、受け取る金利収入が減るからです。

かつて1990年代前半には、定期預金金利が2％以上、10年物国債の利回りが5％近くという、今と比べると非常に高い金利がついていた時期もありました（右の図）。

もっとも、それは日本経済が経済成長力の面でまだ元気で、しかもデフレ（→Ｐ114）に陥っていなかったから高かったのです。

たとえば、退職金などで2000万円の貯蓄があり、定期預金や国債などで5％で運用していたら、年間の収益は、

2000万円×5％＝100万円

1カ月あたりの収入は約8万円です（税金考慮せず。以下同じ）。

また、たとえば会社を定年退職したときに、退職金で利率5％の10年物国債を1000万円購入していたら、老後の10年間で受け取る利子は以下のようになります。

1000万円×5％×10年＝500万円

利子だけで、毎年50万円ずつ受け取れます（1カ月あたりの収入は約4万円）。

3カ月定期預金金利と10年物国債利回りの推移

出典：日本相互証券、日本銀行

金利が低いと、預金で暮らしている老後生活者は困る

　これなら結構な収入源となり、老後の生活を送る際に、もしインフレ率（物価上昇率）が高くなければ、少しは余裕ができたことでしょう。

　ところが、最近の超低金利では、こうした退職後プランは夢のまた夢。金利収入に頼れず、「預金を取り崩して生活しているけど、この先いったいどうなることやら……」と不安になっている人も多いのではないでしょうか。

　逆に、金利が下がって喜ぶのは住宅ローン利用者です。
　毎月の返済額が少なくなったり、元金がより早く減ったりするので、万々歳です。マイホームの購入を考えているなら、金利が低い現在が1つのチャンスかもしれません。

No.07

金利の変動は企業にどんな影響を与える?

上がると企業の利払い負担が重くなる。下がると企業の設備投資が活発化し、社債発行も増える。

▶企業はなぜ金利を払ってまで借りる?

　企業はなぜ、金利を支払ってまで銀行からお金を借りるのでしょうか。その理由は大きく2つあります。

①設備投資資金が必要

　企業は、新規事業の立ち上げや生産能力増強にあたって、工場の建設や機械・ソフトウェアの購入といった「**設備投資**」のため、まとまったお金が必要です。必要資金が手持ちの自己資金で足りなければ、銀行からの借入れなどに頼らざるを得ません。

　「お金が貯まってから設備投資をすればいい」と思う人もいるかもしれませんが、ビジネスはスピードが命です。のんびりしていたら、ライバル企業が新製品をいち早く世に送り出し、業界シェアをひとり占めにしてしまう可能性があります。

　そこで多くの企業は、利払い負担が増えても銀行からお金を借りて、設備投資をするほうを選ぶのです。

②運転資金が必要

　設備投資資金に加えて、原材料の仕入れ資金など、経営を続ける

銀行から借りたお金の使い道

ためにはお金、「**運転資金**」が必要です。

そのすべてを手持ちの資金や売上げでまかなえればベストですが、企業はときに、運転資金が足りなくなります。販売不振や取引先の倒産などの理由で、支出が収入を上回ってしまうからです。

また、企業間のビジネスは、製品を納入してから売上代金が入るまでに3カ月程度かかることもあるため、一時的に手元の資金が足りなくなるケースもあります。そんなとき、銀行からの借入れでしのがなければ、生き残っていけないのです。

▶ 上がると利払い負担が増えて企業が苦しむ

以上のように、企業は銀行からお金を借りて金利を支払っているので、金利の上下は、企業にさまざまな影響を及ぼします。

まず金利が上昇した場合、「**利払い負担**」（金利支払いの負担）が増えて、企業を圧迫します。

企業はお金を借りていれば利息を支払います（**支払利息**）。お金

中小企業の利払い負担は大企業より重い

※財務省資料より編著者作成

を貸したり投資したりしていれば、利息を受け取ります(**受取利息**)。利払い負担は、「**支払利息-受取利息**」です。

　上の図をみてください。中小企業の利払い負担は重く、大企業は軽いことがわかります。つまり、金利上昇はとくに中小企業を苦しめるのです。大企業の利払い負担が軽い理由は2つあります。

①株式発行という資金調達手段がある

　証券取引所に上場していれば、新株を発行して投資家からお金を集め、資本金(自己資金)を増やせます(増資という)。株の発行は、投資家にお金を返す必要がありません。

②優良企業が多い

　優良企業は社内に「**内部留保(金)**」というお金をたくさん貯めているため、銀行からお金を借りる必要がそう大きくありません。

銀行借入れや社債（→P47）発行をいっさいせずに、資本金と内部留保金を使って経営することを「**無借金経営**」といいます。

実質的に無借金経営の企業は、東京証券取引所第一部で数多くみられ、トヨタ自動車や任天堂、ファナック、キヤノン、信越化学工業などが代表的です。

▶借入金依存度が低い企業ほど健全性が高い

企業がどのくらい借金をしているかは、「**借入金依存度**」でわかります。借入金依存度は、以下の計算で出ます。

借入金依存度（％）＝有利子負債÷総資産×100

有利子負債とは、大まかにいえば、金利をつけて返す必要がある借金のこと。総資産とは、借金も含めたすべての資産のことです。

借入金依存度が低いほど、財務の健全性が高いといえます。25％以下が優良企業、50％以上が悪い企業とされます。中小企業の場合は、50％未満が望ましいとされています。しかし実際は、借入金依存度が50％を超える中小企業は珍しくありません。

日本の銀行は中小企業向けの貸し出しが多く、全体の６割を占める企業向け貸し出しのうち、７割にもなります（全体の４割以上）。このことからも、中小企業は銀行借入れに大きく依存していることがわかります。

借入金利が上がると、利払い負担が企業に重くのしかかります。利益という栄養を貯め込んだ大木（優良企業）は耐えられますが、栄養不足の細い木（借入金依存度が高い中小企業）はポキンと折れ

てしまうかもしれません。

　企業が借入れを増やしすぎると、元本の重みに加えて金利上昇による利払い負担が増えて、倒産という最悪の事態にもなりかねません。それを避けるため、金利が上がると、企業は新たな借入れを控えたり、金利がもっと高くなる前に借入れを返済しようとします。お金のかかる設備投資や新規事業立ち上げには、消極的になります。

▶下がると企業の設備投資が活発になる

　逆に、金利が下がるとどうなるのでしょうか。企業は利払い負担が軽くなるため、銀行から新たにお金を借りて新規事業や設備投資を行いやすくなります。

　また、これまでの高い金利の借入れを、より低い金利の借入れに借り換える動きも出てくるでしょう。

債券発行のしくみ

その結果、企業の利益は増えることになります。

企業も個人もお金を借りている側からすれば、金利が下がるのはとてもありがたい話です。なかでも、利払い負担が重く、金利上昇に弱い中小企業にとって、金利低下はまさに"助け舟"といえます。

▶下がると企業が社債を発行するメリットが出てくる

また、金利が下がってくると、「**債券**」を発行して資金調達を行う企業が増えます。

債券とは、国や企業など（**発行体**という）がお金を借りるために、元本の返済や利子（**クーポン**）の支払いをあらかじめ約束して発行する借用証書です。国が発行する債券は「**国債**」、地方公共団体が発行する債券は「**地方債**」、企業が発行する債券は「**社債**」といいます。

債券を購入した人に対し、一般に半年に1回ずつ利子が支払われ、「**償還（満期）日**」がくれば、元本が返済されます。償還日前に売って換金することもできますが、購入価格を下回る可能性もあります。
　発行体が倒産した場合は、利子や元本の返済がストップする「**債務不履行（デフォルト）**」となり、債券保有者は損をします。

　金利が下がると企業が社債を発行する理由は2つあります。
①固定金利で長期間借りられる
　固定金利なら、金利が上がっても償還日までは低い金利のまま借り続けられます。つまり、金利水準が最も下がったときが、企業が債券を発行する絶好のタイミングなのです。

②不況時に銀行から借りにくい場合の資金調達の別ルート
　銀行は不況になると、保有している株の価格下落や企業向け貸出しの焦げ付き増加などから、貸出しに慎重になる傾向があります。すると企業は、銀行から十分に資金を借りられない可能性が出てきます。その場合、大企業は社債で資金調達する選択肢もあります。

　一般に社債を購入するのは銀行や保険会社などですが、資金調達先を広げたいというねらいから、最近では個人のみを対象にした「**個人向け社債**」の発行も増えています。その発行額は2011年以降、年間1兆3000億～1兆6000億円程度で推移しています。
　売れた理由は、個人向け社債が預金や国債より金利が高く、超低金利で運用先に頭を悩ませている個人にとって、魅力的な運用先に映ったからです。社債の購入者を個人にも広げたい企業と、より有利な運用先を求める個人のニーズがうまくかみ合ったわけです。

No. 08

金利に詳しくなると得をする

金利の知識は、個人の資産運用からビジネス上のチャンス発見やリスク管理まで、さまざまな場面で生きる。

▶住宅ローン選び、お金の運用が上手になる

　金利のしくみや金利変動の背景がわかれば、日本の景気や金利の動きを予想でき、あなたのビジネスや資産運用において的確な判断が下せるようになります。

　たとえば、32ページで説明したように、住宅ローン、金融商品選びにおいて金利の知識が生きます。住宅ローンの金利支払いを低くおさえられたり、数多い金融商品の中から、自分にとってより有利なものを選ぶことができるようになります。

　とくに、金利に詳しい人とそうでない人の差は、お金の運用成績にしっかり現れます。最初の運用成績は似たり寄ったりでも、10年後、20年後にその差は歴然となるでしょう。

　今は自己責任で資産形成を行う時代です。自分の運用成績を上げるために、金利に強くなることはとても大切です。

▶経済を先読みできるようになる

　金利の知識は、ビジネスにおいても大いに役立ちます。銀行や証券会社などの金融機関に勤める人、財務・経理を担当する人はもち

ろん、一般のビジネスパーソンにとっても大切です。

　金利の知識を頭に入れておけば、経済・金融分野のニュースの理解度が高まり、社会をみる視野も広がります。

　金利は金融市場（→P55）における資金取引のなかで決まってきますが、そのしくみは単純ではありません。なぜなら、金利は経済を動かすさまざまな要素と密接に結びつき、お互いに影響を与え合っているからです。

　その要素とは、**景気、物価、為替市場、株式市場、日本銀行の金融政策、政府の財政政策**などの現状と将来の見通しです。

　ですから、**市場の金利動向を読み解くことは、今後の日本経済がどうなるかを知ることにもつながってくる**のです。

　つまり、「金利を読む」とは、「経済の先を読む」こととイコールです。ビジネスパーソンにとって、経済の先を読むことは、今や不可欠であると思います。

　金利を通して経済動向を先読みできると、住宅ローン選びや資産運用のみならず、さまざまなシーンで役立ちます。

　たとえば、有望な業種や企業がわかって、取引先の新規開拓や、新規ビジネスの立ち上げに役立ちます。

　また、取引先が金利上昇に弱い業種なら、金利上昇で受注量が減ったり、これまでの支払いが滞る危険性を予測できます。事前に金利上昇リスクに気づいていれば、ビジネスで何らかの対策を打つことができます。

▶ 金融詐欺に遭うリスクが減る

　金利を知れば、金融詐欺に遭うリスクを大きく減らせます。

人は誰しも「お金持ちになりたい」と望みますが、その欲につけ込んで、法外な金利をうたって顧客を騙す金融詐欺が絶えません。
　約5万人が被害に遭った円天事件（2009年摘発）は典型的です。これは、健康食品販売会社エル・アンド・ジー（L＆G）が、「年36％の高配当」というウソの約束をし、多額のお金を集めた巨額詐欺事件。老後の生活費すべてを失った人もいたそうです。
　金融詐欺に引っかかるのは、金利の無知が原因になっていると思います。年利36％の場合、3000万円を預けた1年間の収益は1080万円（3000万円×36％）。今の時代、たった1年で3000万円が4000万円にもなるなんて、不可能な話です。
　もし、被害者の人たちが金利の知識をもっていたら、「今どき真っ当なことをやって年利36％なんてありえない。この話は危ない」と手を出さなかったはずです。

Part 2

金利を決める金融市場の基本的なしくみを理解しよう

No.01

金融市場で貸し手と借り手がお金を融通し合う

銀行が金融市場でお金の運用や調達を行うことで、金利が形成される。

▶ 金利水準は金融市場で決まる

　大根が安いときはどの店で買っても安く、高いときはどこでも高くなります。1本がスーパーAでは150円、スーパーBでは500円なんてことはまずありません。

　なぜなら、各店が勝手気ままに大根の値段を決めているのではなく、野菜の卸売市場のセリによって価格が形成されているからです。

　つまり、卸売市場で決まった価格で仕入れ、そこにそれぞれの店が利益を上乗せして販売しているため、どこでも同じような値段になるというわけです。

　銀行預金や住宅ローンの金利の決まり方もこれと似ています。

　さまざまな金融商品の金利を比べてみると、多少のバラツキはありますが、どれも似たり寄ったりです。

　たとえば、定期預金（預入期間1年）の金利が、Ａ行0.07％、Ｂ行0.1％、Ｃ行はキャンペーン中で0.3％とわずかな差はあります。でも、5％、6％といった飛びぬけて高い金利をつける銀行はありません。なぜでしょうか。

銀行と金融市場の関係

　34ページで説明したように、銀行は、預金者や金融市場からお金を調達して、企業や個人に貸し出しています。

　預金がたくさんあってお金が余っている銀行は、「**金融市場**」で資金運用し、預金が足りなくてお金が不足している銀行は、金融市場で資金調達しています（上の図）。

　金融市場とは、簡単にいえば、貸し手と借り手がお金を融通し合う場所です。銀行をはじめとする不特定多数の金融機関が日々、金融市場で自由にお金のやり取りをしているのです。

　そして金利の水準は、金融市場における需給バランス（→P110）によって決まってきます。

　銀行は、金融市場の金利を基準として銀行の利益を上乗せし、預金や住宅ローンの金利を決めています。したがって、おのずとどこも同じような金利になるのです。

　いわば、卸売市場の価格のように、金融市場で金利が形成されているわけです。卸値の安い大根の売り値は安くなり、卸値の高い大根は高くなるのと同じように、預金や住宅ローンの金利は金融市場の金利が上昇すると上がり、低下すると下がります。

No. 02 金融市場は取引期間の長さで2つに分かれる

短期と長期の金融市場をよく理解しておくことが大事。

▶ 短期金融市場と長期金融市場がある

　金融市場は、取引期間の長さによって以下の2つに分かれます。

①**短期金融市場（マネーマーケット）**

　1年以下の取引が行われる市場です。期間1年以下の金利を「**短期金利**」といいます。

　短期金利は、借りた翌日に返済する「**翌日物（オーバーナイト物）**」と、それ以外の「**ターム物**」に大きく分かれます。ターム物の代表格は、3カ月後に返済する「**3カ月物**」です。

②**長期金融市場（資本市場）**

　1年超の取引が行われる市場です。期間1年超の金利を「**長期金利**」といいます。

　短期金利と長期金利の動きは、私たちの生活に大きく関わってきます。できるだけチェックしておくべきです。

　たとえば、短期金融市場で日本銀行の利上げ観測が浮上し、金利が強含み（上昇傾向）で推移しているニュースが出たとします。

取引期間の長さで分けられる

　Aさんは、それを知らずに満期まで金利が変わらない定期預金（預入期間3年・金利年1％）に100万円を預けました。

　一方、金利チェックを欠かさないBさんは、半年ごとに適用金利が見直される、変動金利定期預金（預入期間3年・金利年0.8％・単利型＝元本にだけ利息がつく）に100万円を預けました。

　適用金利が1年ごとに0.5％ずつアップしていった場合、AさんとBさんが受け取る利息は、かなり差がつきます（税金考慮せず）。

①Aさんが受け取る利息

100万円×1％×3年＝3万円

②Bさんが受け取る利息

・1年目→100万円×0.8％＝8000円

・2年目→100万円×1.3％＝1万3000円

・3年目→100万円×1.8％＝1万8000円

・合計→3万9000円

No.03 短期金融市場①

金融機関が参加するインターバンク市場

インターバンク市場は、金融機関間の資金取引を行うところ。

▶短期金融市場には2つの市場がある

　1年以下の取引が行われる「**短期金融市場**」には、以下の2つの市場があります（右の図）。

①インターバンク市場

　銀行や証券会社などの金融機関だけが参加できる市場で、金融機関どうしがお金を融通し合います。参加者は銀行のほか、信用金庫、証券会社、保険会社、短資会社（→P62）などです。

②オープン市場

　銀行・証券会社などの金融機関のほか、商社などの大手事業法人、地方自治体などが参加しています。インターバンク市場との大きな違いは、金融機関以外も参加できるということです。参加者の間口が広いので、「オープン」といいます。

　インターバンク市場、オープン市場の取引はどうなっているのでしょうか。実は、「市場」といっても、株取引が行われる東京証券取引所などのように、どこかの建物に取引所があるわけではありま

短期金融市場のしくみ

せん。電話や専用端末を使ってお金をやり取りするバーチャル（仮想）市場なのです。それらがつながったネットワーク全体を「市場」と呼んでいるのです。

　取引のしくみも株取引とは異なります。株取引はまず、投資家の大量の売買注文が証券取引所に集中します。証券取引所は、売り注文と買い注文の双方の条件を一致させて、取引を成立させます。

　これに対し短期金融市場は、当事者間で直接取引する「相対取引」です。お金の借り手と貸し手の双方が納得すれば、どんな金利でも取引が成立します。

まず、インターバンク市場について説明します。

銀行は毎日の業務でお金を預かったり貸し出したりしていますが、預かったお金と貸し出すお金がちょうど同じ額になることはまずありません。

預金が多く集まりすぎてお金が余っているか、貸し出しが多すぎてお金が足りないかのどちらかになります。たとえば、都市銀行は貸出先が多くてお金が不足しがちですが、地方銀行には預金でお金を集めても十分に運用できず、お金が余りがちなところもあります。

お金が足りなかったら、借りたい人がいても貸すことはできません。逆にお金が余っていたら、何もしないでただ遊ばせておくのはもったいない。他に貸し出せば、金利を稼ぐことができます。

そこで銀行はお互いに、インターバンク市場でお金の貸し借りをするのです。

▶コール市場の中心は「無担保コール翌日物」

インターバンク市場の中心が「**コール市場**」です。インターバンク市場には、短期の外貨の過不足を調整する「ドル・コール市場」や、事実上消滅した「手形売買市場」もありますが、ここでは中心のコール市場に絞って説明します。

銀行は営業活動をするなかで、短期的に資金が余ったり足りなくなったりします。コール市場は、銀行が短期的な資金の過不足を調整する場という役割を担っています。「呼べばすぐにお金が戻ってくるほど短期間のお金の貸し出しをする」という意味から、「コール」といいます。

コール市場は、担保を必要とする「**有担保コール市場**」と担保を必要としない「**無担保コール市場**」の2つに分かれます。

インターバンク市場のしくみ

```
                            ┌─ 有担保 ─ 期間別
         市場の中心  コール市場 ─┤
                            └─ 無担保 ─ 期間別
インターバンク
  市場  ─── ドル・コール市場

         ─── 手形売買市場
              （事実上消滅）
```

　また期間でも分かれ、借りた当日に返済する「**日中コール取引**」、借りた翌日に返済する「**翌日物（オーバーナイト物）**」、借りた1年後に返済する「**1年物**」など、さまざまな取引があります。

　ちなみに2017年11月現在、コール市場の規模は8兆9180億円（有担保2兆3529億円、無担保6兆5651億円）です。

　コール市場の取引の中心は、「**無担保コール翌日物（オーバーナイト物）**」です。無担保でお金を借りて、翌日に返済する取引です。

　取引単位は最低5億円以上で1億円刻みですが、実際は、50億円、100億円といった、とても大きい単位の取引が主流です。

　お金が余っている銀行は、1日だけでも他行に貸し出して、金利を稼ぎます。逆にお金の足りない銀行は、その日の資金不足を穴埋めするため、1日だけお金を借りるわけです。

▶ ダイレクトディーリングと短資会社経由の取引がある

　コール市場の取引手法には、銀行どうしが直接取引する「**ダイレクトディーリング（DD）**」と、「**短資会社経由の取引**」があります。決済は、各銀行が日本銀行に設けている当座預金を通じて行います（**日本銀行当座預金口座**）。

「**短資会社**」とは、短期金融市場で銀行間の貸借取引の仲介をしたり（トレーディング）、実際にお金の貸し借りや売買の相手方となる（ディーリング）会社のことです。

　多くの銀行と取引のある短資会社を通したほうが、より有利な条件の取引相手をみつけやすいというメリットがあります。日本に現在ある短資会社は、業界再編が進んだ結果、上田八木短資、セントラル短資、東京短資の3社です。

No.04 短期金融市場②

金融機関以外も参加するオープン市場

オープン市場は金融機関以外も参加し、さまざまな取引が存在する。

▶オープン市場の5つの主な取引

　オープン市場には、さまざまな専門的な金融商品を取引する複数の市場があります。その理由は、市場にはさまざまな資金調達・運用ニーズがあるので、それに合わせて商品・取引の種類が増えていったからです。ここでは、主な市場について説明します。

①CD市場

「CD（譲渡性預金証書）」の売買が行われる市場です。CDとは特殊な定期預金で、満期になる前でも、自由に売買できる預金証書です。いつでも適正な価格で換金できる金融商品を「**流動性がある**」と表現しますが、CDは「流動性のある大口の定期預金」ともいわれます。CDを購入した場合は、通常の預金と同じく、利息や元本を受け取ります。

②CP市場

「CP（コマーシャルペーパー）」を売買する市場です。CPとは、優良企業が資金調達をするために発行する短期の社債です。以前は約束手形、つまり「支払期日に手形に書かれた金額を払いますよ」

と約束した証券のことでしたが、現在では性格が変わっています。購入するのは銀行や保険会社などです。優良企業が短期の資金調達をする手段として、銀行借入れとともに、活発に利用されています。

③TDB市場

「TDB（国庫短期証券）」を売買する市場です。TDBとは、2009年2月に「TB（割引短期国債）」と「FB（政府短期証券）」の2種類が統合されてできた国債の1つです。

　TB発行の目的は、国債の償還・借り換えをスムーズにすること、国債の種類を増やすことです。「**国債の償還**」とは、満期を迎えた国債の保有者に国が元本を返済すること。「**借り換え**」とは、国債の償還のためのお金を確保するために国債をまた発行することです。

　FB発行の目的は、年度内に国庫のお金が一時的に不足しているとき、お金を調達することです。

④債券レポ市場

「レポ（**現金担保付債券貸借取引**）」が行われる市場です。レポとは、現金を担保に債券（主に国債）を貸し借りする取引です。

　取引関係は以下のようになります。
・債券を貸す側→担保として現金を受け取る（資金調達）
・債券を借りる側→現金を差し出す（資金運用）

⑤債券現先市場

「あらかじめ決めた価格で将来買い戻す」という約束で、債券を売る取引が行われる市場です。債券を売った側は、債券を買い戻すまでの期間、資金を調達することができます。

No. 05 短期金利の代表的な指標は?

日本の指標はTIBOR、国際的な指標はLIBOR。

▶ TIBORは銀行どうしの期間別の平均貸出金利

　56ページで、「短期金利」は、「翌日物」と「ターム物」の2つに大きく分かれると述べましたが、それぞれ代表的な指標があります。翌日物の指標は「**無担保コール翌日物金利**」（→P61）、ターム物の指標は「**TIBOR**（＝Tokyo Interbank Offered Rate）」です。

　ＴＩＢＯＲとは、全銀協ＴＩＢＯＲ運営機関が営業日ごとに公表している「レート（金利）」です。このＴＩＢＯＲの算出法は、2017年7月24日から変更されました。より市場の実勢を反映したレートに改善することが目的です。

　これまでの算出法は、各リファレンス・バンク（調査対象になっている17の金融機関）に、ターム（期間）ごとに他行にお金を貸し出すときに実際に提示すると考えているレート（市場実勢レート）を提出してもらい、その平均値から求めるというものでした。しかし、市場で実際に行われた取引の金利ではないので、正確な市場実勢とはかぎりません。

　そこで新算出法では、気配値（買い手と売り手が希望するレート）

の動きや譲渡性預金の取引など複数のデータを使えるようにして、より市場実勢が反映されるしくみを導入しています。

　日本経済新聞のマーケット総合欄には「ＴＩＢＯＲ（全銀協の東京銀行間取引金利）」が掲載されています。

▶ユーロ円TIBORは海外の円資金取引の平均貸出金利

　ＴＩＢＯＲには、「**ユーロ円ＴＩＢＯＲ**」と「**日本円ＴＩＢＯＲ**」の2種類があり、それぞれ1週間と1・2・3・6・12カ月の期間別に合計6種類のレートが、全銀協のホームページで公表されています。

　では、資金取引の世界でとても重要な「ユーロ」という言葉を説明しましょう。ここでいう「ユーロ」とは、欧州単一通貨ユーロのことではなく、「海外に流出した通貨」という意味です。

　1945～1989年まで続いた米ソ冷戦時代、基軸通貨の米ドルは、米国から欧州などの国々へ大量流出し、米国外でドルの資金取引が行われるようになりました。そして、ドル資金取引の短期金融市場と長期金融市場が形成されていったのです。

　このドルのように、海外に流出した通貨は、外国の金融機関に預けられているか、外国に住む人々が保有しています。こうした通貨を「**ユーロマネー（ユーロカレンシー）**」と呼びます。海外にあるドルは「ユーロドル」、海外にある円は「ユーロ円」です。ユーロ市場の資金取引では、金利は1/32％（0.03125％）刻みで表示されます。

①**ユーロ円ＴＩＢＯＲ**
　海外市場における円の資金取引の金利です。1年を360日とみな

して金利表示します（360日ベース）。日本の銀行がユーロ円の資金取引をする場合、シンガポール市場、香港市場、東京オフショア市場（日本国内につくられた海外マネーどうしの資金取引市場）でよく行います。

②**日本円ＴＩＢＯＲ**

　日本市場における円の資金取引の金利です。日本の市場慣行通り、金利表示は365日ベースです。リファレンス・バンクは国内銀行が中心です。

　同じ日の双方のレートを比べると、5日少ないぶん、①のユーロ円がわずかに小さくなります。たとえば、2017年12月29日の3カ月物ＴＩＢＯＲはユーロ円0.06300％、日本円0.06727％でした。実際の取引で360日ベースであるユーロ円は端数があまり出ないので、金額の計算がしやすいです。

　ただし、①国内市場と海外市場では円の需給状況に違いがあること、②リファレンス・バンクの顔ぶれが双方のレートで違うことから、ユーロ円ＴＩＢＯＲを365日ベースに単純計算（ユーロ円ＴＩＢＯＲ÷360×365）しても、日本円ＴＩＢＯＲと同じ数字にはなりません。

　ところで、銀行が市場金利に一定の金利を上乗せして企業などに貸し出すことを「**スプレッド貸出**」といいます。そのやり方は、基準金利ＴＩＢＯＲに、銀行の利ざやを上乗せします。

　日銀が金融緩和（→Ｐ126）に動くと金利は低下しますが、市場の実勢金利の低下ペースよりも、ＴＩＢＯＲの低下ペースはやや遅れることもあります。

TIBORとLIBOR

TIBOR（タイボ）	日本国内の短期金利の指標	日本市場
LIBOR（ライボ）	国際的な短期金利の指標	ロンドン市場

▶ LIBORは国際的な短期金利の指標

　ＴＩＢＯＲは日本の短期金利の代表的な指標ですが、国際的な短期金利の代表的な指標は、「ＬＩＢＯＲ（ライボ）（＝London Interbank Offered Rate）」です。

　ＬＩＢＯＲとは、国際的な金融市場「ロンドン市場」における短期金利の指標です。以前は民間金融機関の自主申告に基づいて英国銀行協会が集計・公表していましたが、金融機関が虚偽の金利を申告する不正操作事件が発覚。これを受けて2014年2月から米取引所大手、インターコンチネンタル取引所（ＩＣＥ）が算出・公表しています。

　ＬＩＢＯＲは、「**デリバティブ取引**」の基準金利として、ひんぱんに使われています。デリバティブ取引とは、近年、金融機関などがリスクを低下させたり、高収益を追求するために、新しく考案された取引手法です。金利スワップ（→P107）などがあります。

　ただし、英金融管理庁はＬＩＢＯＲを2021年末までに廃止する方針を明らかにしています。リーマン・ショックに端を発した2008年の金融危機後、取引量が減少して指標性が薄れているからです。廃止後は各国中央銀行がそれぞれの通貨の指標金利を管轄することになるため、各中央銀行は代替指標の選定を進めています。

No.06 短期金利の決まり方

短期金利は日銀の金融政策に強い影響を受ける。

▶日銀は公開市場操作で市場金利を誘導

「短期金利」は、**日本銀行(日銀)**の金融政策に強い影響を受けます(日銀の金融政策は、125ページで詳しく説明します)。

日銀は金融市場に対して**「公開市場操作」**を行います。その目的は、短期金利の指標金利となっている**「無担保コール翌日物金利」を、日銀が目標とする金利水準に誘導すること**です(無担保コール翌日物→P61)。こうした日銀が誘導目標とする金利を**「政策金利」**といいます。政策金利は時々の金融政策によって変わるようになっています。

「誘導する」と表現するのは、市場の金利は、金融機関どうしの自由な取引の結果決まっているので、日銀がむりやり「○%」と決めつけることはできないからです。

そこで日銀は、「無担保コール翌日物」を取引する市場に巨額のお金を供給したり吸収したりして、金利を目標とする水準に「誘導」するのです。

日銀が無担保コール翌日物金利の誘導目標を引き上げることを**「利上げ」**、引き下げることを**「利下げ」**といいます。

日銀が利上げ・利下げをすれば、翌日物だけでなく、1週間、1カ月、1年など期間の長い取引の金利もそれぞれ上昇・下降します。
　利上げのケース、利上げがないケースでは、短期金利の動きは次のようになります。

①日銀が利上げをする見通しが立った場合
　金融市場は将来の利上げを織り込み（反映し）、短期金利は上昇します。

②日銀が利上げをする見通しが立たない場合
　短期金利は低水準にとどまります。

No. 07
1年超の取引が行われる長期金融市場

長期金利をみるうえで最も重要なのは債券市場。

▶長期金融市場＝債券市場

　長期金融市場の中心は、債券（→P47）を取引する「**債券市場**」です。長期金融市場＝債券市場と考えてもいいでしょう。

　債券は償還までの期間が比較的長く、多くの人が取引に参加しています。そのため価格や利回りの信頼性が高いからです。

　債券市場は、主に証券会社が発行体（債券の発行者）と投資家の間に入って、取引の相手方や、売買の仲介役を務めています。そして、以下の2つに大きく分かれます。

①**発行市場（プライマリー市場）**

　国や地方自治体、企業などの発行体が、新しく債券を発行してお金を調達する市場です。新しく発行された債券を「**新発債**」といいます。

②**流通市場（セカンダリー市場）**

　すでに発行された債券をもっている人と、その債券を買いたい人が、売り買いする市場です。すでに発行されている債券を「**既発債**」といいます。

　債券の種類を発行体別に分けると、次の7つです。

①国債・地方債

国債は国が、地方債は都道府県や政令指定都市(政令で指定される人口50万人以上の都市)などが発行します。

②政府保証債

政府が元利(元金＋利子)払いを保証している債券です。日本高速道路保有・債務返済機構、日本政策金融公庫、預金保険機構などの独立行政法人や政府関係機関などが発行します。

③財投機関債

②とは異なり、独立行政法人や政府関係機関などが発行するものの、政府保証のない債券です。日本政策金融公庫、国際協力機構(ＪＩＣＡ)、住宅金融支援機構などが発行しています。

④サムライ債

海外の発行体が、日本で円建てで発行する債券です。たとえば、

外国企業が日本で資金調達したい場合に発行する債券がそうです。

⑤社債
企業が発行する債券です。民間企業の社債を「一般事業債」といいます。銀行の社債は「銀行社債」といいます。

⑥金融債
⑤と違って、特定の金融機関だけが発行できる債券です。

⑦資産担保証券（ＡＢＳ）
金融機関が発行する債券です。発行した金融機関が保有するローンなどを、債券の価値を裏付けるもの（裏付け資産）にしています。ＡＢＳのうち、住宅ローンを担保にしているのが「ＲＭＢＳ」、商業用不動産を担保にしているのが「ＣＭＢＳ」です。

▶国債は債券取引の主役

先の7つの債券のうち、発行量・取引量がずば抜けて多いのが国債です。金融のプロの世界では、日本国債を「ＪＧＢ」と呼びます。英語「Japanese Government Bond」を略したものです。

国債発行残高は年々右肩上がりで増えていて、今や800兆円を大きく超えています。巨額の発行残高を前にして、「これ以上、国債を発行し続けられるのか」という問題がよく議論されます。

国債は、償還（満期を迎えること）までの期間の長さでみて、次の4種類に分かれます。

①超長期国債
15年（変動利付債）・20年（利付債）・30年（利付債）・40年（利付債）があります。

②長期国債
10年（利付債）・10年（物価連動債）・10年（個人向け国債・

国債発行残高の推移

※データは普通国債。15年度までは実績、16年度は3次補正後、17年度は当初　　出典：財務省

変動金利型）があります。

③**中期国債**

　2年（利付債）・3年（個人向け国債・固定金利型）・5年（利付債）・5年（個人向け国債・固定金利型）があります。

④**国庫短期証券（TDB）**

　2カ月（割引債）・3カ月（割引債）・6カ月（割引債）・1年（割引債）があります。

　償還（満期）を迎えるまでの期間で、国債を分類する方法もあります。通常、1年以下が「**短期ゾーン**」、2〜5年が「**中期ゾーン**」、6〜10年が「**長期ゾーン**」、11年以降が「**超長期ゾーン**」です。

　先の国債の説明で、「利付債」「割引債」などの言葉が出てきまし

た。これは、債券の利子がどうなっているのかを表したものです。利子のしくみは以下の4つに分かれます。ちなみに、金融の世界では、債券の利子のことを「**クーポン**」と呼びます。③の割引債は、利子がゼロなので「ゼロクーポン債」というのです。

①利付債

利子がついている債券です。

②変動利付債

半年ごとに利子の率（利率）が見直される債券です。

③割引債（ゼロクーポン債）

利子をつけず、そのかわりに、販売価格が額面価格（満期にもらえる金額）よりも安い債券です。

④物価連動債

物価上昇率に応じて、元本の額が増えたり減ったりする債券です。**表面利率**（債券に記載されている利率）は固定されています。しくみは以下のようになっています。

・物価上昇率が上がる→元本が増えて、受け取る利子も増える
・物価上昇率が下がる→元本が減って、受け取る利子も減る

▶長期金利の指標は「新発10年物国債」の利回り

これまでいろいろな国債を紹介してきましたが、どれが一番重要かといえば、「10年物国債」でしょう。その理由は、**10年物国債の利回りが、長期金利全体の指標となっている**からです。

長期金利は日本経済全体に広く影響を及ぼす、とても重要な金利です。なぜなら長期金利の動向が、国債・社債などの「**発行条件**」（表面利率、発行価格などのこと→P266）、銀行の長期貸出金利の基

10年物国債利回りの推移

出典：財務省

準となる長期プライムレート（→P149）、住宅ローン金利など、さまざまな金利に影響を及ぼすからです。

　ところが、「10年物国債」と一口にいっても毎月発行されており、発行条件もそれぞれ異なります。

　たくさんある中で長期金利全体の指標となる国債（「**指標銘柄（ベンチマーク）**」という）は、直近の「**新発10年物国債**」です。つまり、新たに発行された償還期間10年の国債で、発行時期が一番新しいものです。これが指標銘柄になる理由は、市場における国債売買の中心銘柄になっているからです。

　新聞で書かれる「長期金利」は、一般に「新発10年物国債の流通利回り」を指しています。「**流通利回り**」とは、銀行や証券会社などが流通市場（すでに発行された債券を売買する市場）で債券を購入し、満期まで保有した場合の1年あたりの利回りのことです。

新たに入札が行われる国債の発行条件は、直近の新発国債の流通利回りなどを参考にして決められます。

▶債券の価格と流通利回りは正反対の関係にある

債券の価格や流通利回りは需給バランス（→P110）で決まり、以下のような流れになります（次ページの図）。

- 買う人のほうが多い→債券価格上昇・流通利回り低下
- 売る人のほうが多い→債券価格下落・流通利回り上昇

受け取る利子が変わらないので、債券価格の上下で流通利回りが変わる理屈はわかりますね。これを、国債の利回り計算に当てはめてみて理解しましょう。「利回り計算」はPart8で詳しく説明しますが、国債の流通利回りの計算は、ここで説明します。

流通利回り（単利→P258）は、次の計算式で算出できます。

$$\text{流通利回り（\%）} = \frac{\text{表面利率} + \dfrac{\text{額面価格} - \text{流通価格}}{\text{残存期間}}}{\text{流通価格}} \times 100$$

たとえば、表面利率5%、額面価格100円、残存期間（満期までの期間）8年の10年物国債を、流通価格105円で購入したときと、95円で購入したときの流通利回りは以下のようになります。

①105円で購入した場合（高く購入）

$$\frac{5(\%) + \dfrac{100円 - 105円}{8年}}{105円} \times 100 \fallingdotseq 4.16(\%)$$

債券の価格と流通利回りの決まり方

 価格上昇   流通利回り低下

 <

売る人　　　　　　　買う人

受け取る利子は決まっているので、価格が上がると利回りは下がる

 価格下落   流通利回り上昇

 >

売る人　　　　　　　買う人

受け取る利子は決まっているので、価格が下がると利回りは上がる

②95円で購入した場合（安く購入）

$$\frac{5\,(\%) + \dfrac{100円 - 95円}{8年}}{95円} \times 100 \fallingdotseq 5.92\,(\%)$$

　以上の計算からも、債券価格が安くなれば、流通利回りが上昇することがわかりますね。

No. 08 長期金利の決まり方

長期金利は市場の需給バランスに強い影響を受ける。

▶ 長期金利は将来の経済予想に左右される

　長期金融市場の「**長期金利**」は、その時々の日本銀行の金融政策の影響も受けますが、それ以上に「**将来の経済見通し（予想）**」で決まる傾向が強くなります。

　具体的には、**将来の景気や物価の動向など、複数の経済要因の見通しで動く**ということです（Part4で詳しく説明します）。よって長期金利は、将来の変化を先取りする性質があるともいえます。

　将来の経済見通しに基づいて、シミュレーションしてみましょう。たとえば、1億円を10年間運用する場合、以下の金融商品のどちらを選びますか？　計算しやすいよう、金利水準は高く設定します。

A　10年物国債（年3%）
B　預入期間1年の定期預金（年2%）

　Aを選べば、10年間ずっと3%運用。Bを選べば1年ごとに定期預金を更新していくので、運用利回りは毎年変わります。どちらを

選ぶかは、今後の日本経済の見通しを考えて決めます。

①Ａを選ぶ場合の経済見通し

　10年間インフレ（物価上昇）が起こらず物価が安定あるいは下落し、金利水準は現在と変わらないか低下する。

②Ｂを選ぶ場合の経済見通し

　今後インフレが起きて物価が上昇し、金利上昇も予想される。預入期間1年の定期預金金利も、年5～6%まで上がるだろう。

　それぞれ経済予想がピタリと当たったとき、運用成果はどうなるでしょうか（税金考慮せず）。

①金利が変わらない場合

・10年物国債（年3%）

1億円×3%×10年＝3000万円

・定期預金（預入期間1年・年2%）

1億円×2%×1年×10回＝2000万円

②金利が大幅に上昇した場合

　金利の上昇幅は、2年ごとに1%ずつ上昇したと仮定します。

・10年物国債（年3%）

1億円×3%×10年＝3000万円

・定期預金（預入期間1年・年2%）

1～2年目（2%）＝1億円×2%×1年×2回＝400万円

3～4年目（3%）＝1億円×3%×1年×2回＝600万円

5～6年目（4%）＝1億円×4%×1年×2回＝800万円

7～8年目（5%）＝1億円×5%×1年×2回＝1000万円

経済予想と金融市場の動き

9〜10年目（6％）＝1億円×6％×1年×2回＝1200万円

合計＝4000万円

　以上のことから、物価が安定して長期金利が変わらなかった場合は、固定金利の10年物国債のほうが得します。逆に、金利が上昇していった場合は、定期預金（預入期間1年）のほうが得します。

　これを金融市場の動きで考えてみると、以下のようになります。

① 「将来も物価が安定して金利は上がらない」という見通しが金融市場で強まる

　新発10年物国債がよく売れて価格が上昇し、利回りは低下（長期金利が低下）します（債券の利回りと価格の関係→P77）。

② 「将来、インフレが進行して金利は上がる」という見通しが金融市場で強まる

　新発10年物国債が売れなくなって価格が下落し、利回りが上昇（長期金利が上昇）します。

No.09

規制金利から自由金利に変わった

1994年に預金・貸出の金利自由化がすべて完了。金利は需給バランスで決まるようになった。

▶ 規制金利でどの銀行の金利も同じだった

　現在の日本の金利は、需給バランスで決まる「**自由金利**」です。

　しかし、1980年代までの日本の金利は、政府・日本銀行（日銀）が決める「**規制金利**」でした。臨時金利調整法という法律で、金融機関の預金・貸出金利を政府・日銀が決めていたのです。

　一般の銀行が日銀からお金を借りる際、その貸出金利を「**公定歩合**」といいます。日銀は公定歩合を動かすことで、各銀行の預金・貸出金利を以下のように動かしていました。

・公定歩合を上げる→銀行金利は上昇
・公定歩合を下げる→銀行金利は低下

　当時の金融市場は未発達で、銀行の資金調達は日銀に依存する割合が高かったのです。公定歩合は、銀行の資金調達コストの基準となっていて、どの銀行も預金・貸出金利は同じでした。

　戦後、日本は経済復興のために、お金を日本国中に行き渡らせる金融システムをつくりました。規制金利によって銀行間競争をなく

し、銀行を倒産させない「**護送船団方式**」といわれるシステムです。

その結果、世の中に「銀行は絶対に安全」という信頼が生まれ、国民が安心して預金できる環境が生まれました。

預金でお金がたくさん集まれば、銀行が企業に貸し出せるお金も増えます。こうして、経済復興のための潤沢な資金が確保でき、日本は高度経済成長を成し遂げたのです。

▶ 1994年にはすべての預金金利が自由化

しかし1970年代後半、日本に金利自由化の波が訪れました。

そのきっかけは、1975年度の国債大量発行です。

1973年の第1次オイルショック（石油価格の高騰）で、日本は深刻な不況に陥り、税収が激しく落ち込みました。

そこで政府は税収不足を穴埋めするため、国債を大量発行してお

金を確保しようとしたのです。

その後、国債の大量発行が続くようになり、国債の買い手の中心だった銀行の国債保有高が増大しました。

そこで政府は1979年4月、銀行が国債を流通市場で転売することを認めました。国債の転売価格（と利回り）は、需給バランスで決まるようになったのです。

また、コール市場など短期金融市場の金利自由化も進み、日銀は金融政策を徐々に、「公開市場操作」へと切り替えていきました。

そして1991年、日銀は民間金融機関に対して、貸し出しの増加額を一定の範囲内に収めるよう直接指導する「窓口指導」を廃止。銀行の貸出金利は需給バランスで決まるようになっていったのです。

預金金利の自由化も徐々に進み、1985年の大口定期預金金利の自由化、1993年の定期性預金金利の完全自由化などを経て、1994年にすべての自由化が完了しました。

▶ 旧公定歩合はコール市場の上限金利の役目を果たす

自由化の結果、金利は金融市場の需給バランスで決まるようになりました。日銀は、公定歩合ではなく、無担保コール翌日物金利などを操作して金利をコントロールするようになったのです（→P69）。

2006年、公定歩合の名称は「**基準割引率および基準貸付利率**」に変わりました。今は「基準貸付利率」が0.3%です（2017年12月現在）。無担保コール翌日物金利の上限金利となっていて、短期金利の安定性を確保する役割を担っています。

その理由は、たとえばコール市場の金利が0.3%以上なら、銀行は日銀からお金を借りたほうが得ですから、結果としてコール市場の金利は0.3%を超えることはないというわけです。

Part 3

金融市場と市場金利の動向を詳しくみてみよう

No.01
短期金利の動向を読む

無担保コール翌日物、TIBORの動きのどこに注目し、何を読み取るか。

▶ 無担保コール翌日物金利は日本経済を反映している

　ここまでで、金利の決まり方の基本的なしくみを伝えてきましたが、日銀は今、長期化するデフレからの脱却を目指し、従来の伝統的金融政策（→P125）から、かつてない非伝統的金融政策（→P130）に移行しており、大量に長期国債を買い入れています。

　2017年10月現在は、短期金利に加え、長期金利も金融政策のターゲットとする「長短金利操作付き量的・質的金融緩和」（→P134）を実行中。具体的には、短期金利は「▲0.1％（日銀当座預金の一部残高に課されているマイナス金利の水準）」、長期金利（10年物国債利回り）は「ゼロ％程度」にコントロールされています。

　このため、**健全な市場の機能が損なわれ、一般的な金利の決まり方が通用しない状態になっています**。しかし、さまざまな指標から金利の動向を読むことが大切なことに変わりはありません。Part3ではそのための基本的なスキルを紹介します。

　まず、Part 2で紹介した短期金利の代表的な指標、「**無担保コール翌日物金利**」と「**TIBOR**」の読み方を説明します。

無担保コール翌日物金利（→P61）は本来、伝統的な金融政策では日本銀行（日銀）の政策金利であり、その誘導水準（→P69）を決定するのは、日銀の最高意思決定機関である「**政策委員会・金融政策決定会合**」（→P160）だけです。

　日銀の金融市場局は、コール市場の現場で、金利が決定された誘導水準に収まるように、「公開市場操作」を随時行います。

　しかし、金融市場局が勝手に無担保コール翌日物金利の水準を大きく変えて、「近い将来、日銀の金融政策が変わる可能性がある」などと市場にシグナル（警告）を発信することは許されません。

　したがって、私たち個人が無担保コール翌日物金利の日々の小さな変動を眺めていても、ほとんど意味はありません。

　日銀が日本経済（景気や物価）の動向をどうみているのかを知りたいなら、これまでの**日銀の政策委員会・金融政策決定会合が、どのような金融政策を行ってきたかを振り返ること**が大事です。

　前述したように、現在の政策金利は短期金利が▲0.1％、長期金利（10年物国債利回り）はゼロ％程度となっています。ここから読み取れるのは、**「日本経済（特に物価）が非常に弱い」と日銀が考えている**ことです。

　では、これまでの日銀の金融政策を振り返ってみましょう。

　1995年9月、日銀は公定歩合を0.5％に引き下げました。同時に、無担保コール翌日物は0.4％台で推移するようになりました（次ページの図）。それから長らく0％台が続いていましたが、2016年2月半ば以降はマイナスに突入し、2017年12月現在、▲0.04％前後で推移しています。

超低金利が続く理由は、日本の物価がなかなか上がらないからです。「GDPデフレーター」という物価水準を表す代表的な指標があります。これは1995年以降、ほぼ前年比マイナスで推移しています。

　つまり、1995年〜現在まで、日本の物価は特殊要因を除くとずっと下がり続けてきたのです。この状態を「**デフレ**」と呼びます。

　物価と金利の関係は117ページで詳しく説明しますが、物価が下がり続けている以上、当然、金利も上がりません。20年以上も超低金利時代が続いているのは、デフレが背景にあるからなのです。

　日本経済の力は今後、人口減少・少子高齢化によって着実に低下するでしょう。超低金利時代はこれからも、まだまだ続きそうです。

▶ TIBORの変動は個人にも関わってくる

　次にTIBORについて説明しましょう。

日本円TIBOR(3カ月物、1年物)の推移

出典：全国銀行協会

「ユーロ円TIBOR」と「日本円TIBOR」(→P66)は、銀行が他行にお金を貸す場合に市場実勢と考えている平均貸出金利です。また67ページで述べたように、スプレッド貸出の基準金利ですから、実際の市場金利ほど敏感な動きはしない性質があります。TIBORは、変動するレート（金利）の大まかな方向が、どこへ向かっているのかをつかむものなのです。

TIBORは、銀行どうしの提示金利ですが、私たち個人にも関わってくる金利です。

なぜなら、私たち個人が利用する1年以下の定期預金（1カ月物や3カ月物など）は、銀行の重要な資金調達手段の1つだからです。

ですから、金融市場で取引されているターム（期間）物の金利の変動が大きくなれば、定期預金金利にも影響が出てくるのです。

とくに、銀行がまとまった金額を調達することができる大口定期

金利水準が同じになっていくしくみ

預金の金利は、市場の動きに沿った金利変更が行われる可能性があります。

ところで、ユーロ円TIBORと日本円TIBORは異なる市場の金利ですが、異なる市場どうしでも、金利はおのずと同様の水準に収れんする法則があります。そのしくみは以下のとおりです。

①**特定の市場で金利が高い場合**

そこに運用資金が集中し、資金の供給が需要に対して多くなることから、金利は下がります。

②**特定の市場で金利が低い場合**

そこに資金調達の動きが集中し、資金の需要が供給に対して多くなることから、金利は上がります。

異なる市場どうしの金利水準が、資金の出入りを通じてほぼ同じになっていくことを、「**金利裁定が働いている状態**」と呼びます。

No. 02 長期金利の動向を読む

長期金利の動向は新発10年物国債の流通利回りに特に注目する。そこから何を読み取るか。

▶信用リスクが最も低い貸出先は国

　75ページで、長期金利の代表的な指標「**新発10年物国債の流通利回り**」は、将来の経済見通しを反映して動くと説明しました。

　この流通利回りはとても重要です。なぜなら、企業が設備投資などの目的で、銀行から長期間お金を借りるときの金利や、住宅ローンの金利に大きな影響を与えるからです。

　新発10年物国債の流通利回りは原則として、同じ発行条件（価格や期間、利率）の他の債券と比べて、最も低くなります。これはなぜでしょうか。

　それは、国債を発行しているのが「日本政府（国）」だからです。**日本で「信用リスク」**（→P149）**が最も低い貸出先は「日本政府」。よって国債の「流通利回り」は最も低くなるのです。**信用リスクとは、貸したお金が返ってこない可能性のことをいいます。

　国は、国民から税金を強制的に徴収する権利（徴税権）をもっています。もし、国が借金の返済に困ったら、増税ができます。このことから、日本政府は最も信用リスクが低い貸出先なのです。

国債の利回りは、同じ発行条件だと最も低くなる

　一般に、信用リスクが高くなるほど貸出金利は上がります。よって、国債の利回りは最も低くなるのです。

　このことを知っていると、個人の資産運用の基準ができます。

　つまり、**いくら安全性が高い金融商品だとしても、金利が国債の利回りよりも低かったら、購入するのは得ではない**ということです。そんな場合は、最も安全な国債で運用するべきです。

　また、新発10年物国債の流通利回りの動きは、長期金利全般に影響します。上昇してきたら、住宅ローン金利なども上昇する可能性があります。

　新発10年物国債の流通利回りは、日本経済新聞のマーケット総合欄に掲載されています。

　この数字は、日本相互証券でその日の最後に取引が成立した利回りです。日本相互証券とは、各証券会社の債券ディーラーが行う多種多様な債券の売買を仲介する役割をする「ブローカーズ・ブローカー（ＢＢ）」の代表的な企業です。

No.03
長短の期間別利回りを結ぶと金利の方向感がわかる

イールドカーブの動きをもとに将来の金利の変動を読み取る。

▶時々の状況で形が変わるイールドカーブ

　将来、金利がどう動きそうかを探るには、「**イールドカーブ（利回り曲線）**」という考え方が役立ちます。

　イールドカーブとは、異なる期間の金利の水準を期間の短いほうから長いほうへと結んで、1つの線にしたグラフです。短期金利、国債の流通利回り、あるいは双方を利用して作成されます。

　イールドカーブは、その時々の景気や物価の動向、今後の経済見通し、金融政策の見通しなど、さまざまな要素を総合した「**金融市場参加者の金利観**」の変化を反映して形が変わります。

　つまり、イールドカーブをみれば、市場参加者が将来の金利をどう予測しているのかがわかるのです。

①**順イールド**

　グラフは右肩上がりの曲線です。将来、金利が上がると予想する人が多い場合に順イールドになります。通常、イールドカーブは順イールドになります。なぜなら、債券の残存期間（満期までの年数）が長いほうが利回りが高くなるからです。

②逆イールド
　グラフは右肩下がりの曲線です。将来、金利が下がると予想する人のほうが多い場合に逆イールドになります。

③フラットイールド
　グラフは水平になります。将来、金利が横ばいで推移すると予想する人が多い場合にフラットイールドになります。

▶ 短期よりも長期の利回りが低いときもある

　それでは、イールドカーブの決まり方について、単純化した事例で説明しましょう。市場参加者の多くが、将来の金利が上がると考えていて、以下のような状況になっていると仮定します。
・現在、6カ月物の無担保コール金利は1％。
・しかし6カ月後、日銀が大幅に利上げして、上記の金利が2％になる可能性が高い。市場はすでにこれを織り込み（反映）済み。

　この場合、現在の1年物の無担保コール金利は、1.5％で取引されます。その理由は、1年間の貸し借りを半年ごとに分けてみると、
・現在から6カ月後の半年間→金利1％
・6カ月後〜1年後の半年間→金利2％
　したがって、現在の1年物の金利は、平均の1.5％になります。
　イールドカーブでは、6カ月物は1％、1年物は1.5％という金利水準になっているので、右肩上がりの順イールドになるのです。
　これは市場金利のケースですが、貸出金利や預金金利でも考え方はまったく同じです。
　将来のある時点からスタートした一定期間内の金利のことを「フ

イールドカーブの種類

順イールド

逆イールド

フラットイールド

ォワードレート」と呼びます。この例では、6カ月先の6カ月物金利2％がフォワードレートです。

一般的に、**フォワードレートが現在の金利よりも高いとき、順イールドになる**ということです。

▶ バブル崩壊後の日本で起きた逆イールド現象

先に述べたように、イールドカーブは通常、順イールドになります。しかし、特殊な事例があると、逆イールド現象が起こります。

1989〜1991年の日本では、逆イールド現象が起きました。右の図は、1991年5月末の無担保コール金利のイールドカーブです。

バブル経済崩壊（1990年）の1年後、1991年は「**失われた10年**」と呼ばれる、長期にわたる不況の入り口でした。

当時、多くの市場参加者は、日銀の政策金利引き下げ、将来の景気悪化による長期金利の低下を予想しました。結果として逆イールド現象が起きたのです。

▶ ギリシャ危機で逆イールド現象が発生

ユーロ導入国のギリシャで2010年春に逆イールド現象が起きました。財政赤字（国の収入よりも支出が多いこと）が膨らみ、ギリシャは危機的な状況に陥りました。

ギリシャの信用力が低下した結果、ギリシャ国債の価格は急落し、利回りは急上昇しました。

これに対してEU（欧州連合）とIMF（国際通貨基金、通貨と為替相場の安定化を目的とする国際組織）は、ギリシャへの金融支援を行う方針を明らかにしました。

しかし、格付会社S＆P（→P152）が、ギリシャ国債の格付

1991年5月の日本の逆イールド現象

期間が長いもののほうが、金利が低くなっている！

けを「ＢＢ＋（投機的要素が強い）」まで一気に３段階引き下げ、ギリシャ国債の価値は急落したのです。

その結果、ギリシャ国債を売る動きが加速して、価格はさらに下落し、利回りは急上昇しました（債券の価格と利回り→Ｐ77）。

ギリシャ国債は、短期・中期ゾーンの金利上昇幅が、長期ゾーンの金利上昇幅を大きく上回る逆イールド現象が起きたのです。４月28日のギリシャ国債の「２年物」利回りは一時、38％にまで上昇、「10年物」利回りは一時、13％前後まで上昇しました。

このケースは、ＥＣＢ（欧州中央銀行→Ｐ198）の政策金利引き上げ見通しを、市場が織り込んだからではありません。

ギリシャ政府の当面の資金繰りが行き詰まるリスクが警戒され、ギリシャ国債の買い手（ギリシャに対する資金の出し手）が市場でほとんど見当たらなくなったからです。

このように、**イールドカーブの形状をみることで、市場が予想している将来の金利動向がわかる**のです。

　なかでも、短期・中期ゾーンのイールドカーブは、前述した特殊事例を除けば、通常、中央銀行の利上げ・利下げが、①どのようなタイミングで、②どういった幅で動くのか、を市場がどうみているのかを示すものになるので、とても注目されます。

No.04 金利・債券の先物取引から金利動向を読む

先物は現物の金利水準に大きな影響を与える重要な取引。

▶先物取引とは将来の価格を現時点で取引するもの

金利と債券には、「**先物取引**」があります。

先物取引とは、簡単にいうと「将来のある時点（期日）に商品を売買することを、事前に契約しておく取引」です。

これに対して、実際に商品を渡して、代金を受け取る通常の取引を「**現物取引**」といいます。

先物取引において、ただ単純に将来の期日に売買することを契約するだけだと、契約後に商品の価格が大きく変動した場合、期日の売買時点で、取引相手のどちらかが損をする可能性があります。

この問題を改善するため、現在の先物取引は、期日前でも売買できるしくみになっています。

期日前に売買する取引とは、現物（実際の商品）の受け渡しをせずに、価格が変動して生じた差額（差金という）部分だけを、お互いに受け渡しする取引方法で、「**差金決済方式**」と呼びます。

差額の部分を受け渡しするだけなので、現物をもっていない人でも、商品を売る（売りから取引を始める）ことができます。

先物取引の利益のしくみ

❶取引を買いで始めた人

❷取引を売りで始めた人

　先物取引では次のようにして取引を完了させます。
・**取引を買いで始めた人→売り戻して決済する**
・**取引を売りで始めた人→買い戻して決済する**
　このように正反対の取引を行って決済することを「反対売買」をするといいます。

　また、先物取引で損益が出るしくみは、以下のようになります。
①**取引を買いで始めた人**
・買った価格より高い価格で売り戻せば利益が出る。
・買った価格より安い価格で売り戻すと損失が出る。

②**取引を売りで始めた人**
・売った価格より安い価格で買い戻せば利益が出る。
・売った価格より高い価格で買い戻すと損失が出る。

　先物取引は、先に述べた価格変動によるリスクを回避（リスクヘッジ）する手段であるほかに、以下の2つの役割もあります。
①**公正な価格を形成する**
　モノの価格は、買い手と売り手の需給バランスで決まります。さまざまな思惑をもった多くの売り手と買い手が先物市場に集まれば、価格は妥当な線に落ち着きやすくなります。

②**資産運用の機会を増やす**
　先物市場で最も多く取引しているのは、資産運用目的で積極的な売買をしている投資家です。とくに金利先物取引や債券先物取引を活発に行っているのは、ほとんどが銀行や証券会社、保険会社などの機関投資家（→P179）です。

▶ 金利先物取引のしくみ

　「**金利先物取引**」も通常の先物取引と基本は同じで、事前に決めた期日に、事前に決めた条件で取引をする契約をします。ただし、取引対象がいわゆる商品ではなく、短期金利であるのが特徴です。
　まず現時点で、将来のある時点（期日）からスタートする一定期間の金利を決めて、その期日に資金取引することを約束します。
　その後、金利先物の相場は変動します。そして期日になると、事前に決めていた金利と比べて、実際の金利先物の相場（金利）がどうなっているかで損益が確定します。

日本経済新聞は債券先物・金融先物を毎日掲載

```
債券先物                    (大取、円・%・億円、始値は前日夜間取引を含む)
▽10年物（6%国債）
年／月    始値      当日始値    高値      安値      終値      前日比
18／ 3   150.91    150.96    150.97    150.86    150.88    -0.03
18／ 6    —         —         —         —         —         —
         利回り     売買高    建玉               利回り    売買高    建玉
18／ 3    0.604     28316    98031    18／ 6    —        —        —

金融先物                              (東京金融取引所、ポイント・枚)
▽円金利3カ月（ＴＩＢＯＲ）
年／月    始値      高値      安値     公式終値   清算値    前日比   売買高   建玉
17／12   99.935    99.935   99.935   99.935    99.935    0       200    27875
18／ 3   99.940    99.940   99.935   99.935    99.935    0       675    28664
18／ 6   99.930    99.935   99.930   99.930    99.935   +0.005   969    29476
18／ 9   99.925    99.930   99.925   99.930    99.930   +0.005  1672    18527
18／12   99.920    99.925   99.920   99.925    99.925    0      3413    23577
19／ 3   99.925    99.925   99.915   99.920    99.925   +0.005   352     9332
19／ 6   99.920    99.920   99.920   99.920    99.920    0      1970    12988
         合計                                                    9586   156232
```

（日本経済新聞朝刊2017年12月15日付）

　金融先物取引は、日本唯一の金融先物取引所である「東京金融取引所」で行われていて、「ユーロ円3カ月金利先物」や「無担保コールオーバーナイト（翌日物）金利先物」などが上場されています。

　日本経済新聞のマーケット総合欄に金利先物の価格が掲載されていますが、「99.925」といった数値になっています。これは、金利先物の価格が「100－金利（年率・%）」で表示されるからです。たとえば、金利0.375%の場合は以下のようになります。

先物価格＝100－0.375%＝99.625

　そこで、先物価格の動きから以下のように金利を読みます。

- 先物価格の上昇→金利が低下している
- 先物価格の下落→金利が上昇している

▶債券先物取引のしくみ

「**債券先物取引**」も通常の先物取引と基本は同じです。ある債券を、現時点で決めた価格で、将来のある一定の日（期日）に売買することを約束する取引のことです。

「中期国債先物」「長期国債先物」「超長期国債先物」「ミニ長期国債先物（個人投資家向け）」が大阪取引所に上場されています。

取引量が圧倒的に多いのが長期国債先物です。一般に「債券先物」という場合、これを指します。

国債先物取引の対象は、実際に発行されている国債ではありません。国債の先物取引をしやすくするために、諸条件を標準化した「標準物」と呼ばれる架空の国債です。

▶近年は市場機能低下により金利先読みは困難に

金利・債券先物取引は、売買単位も大きく、取引するのはほとんどが機関投資家（→P179）です。通常は、非常に活発な売買が行われるため、先物価格には市場関係者（機関投資家）が将来の金利水準をどう予想しているかがスピーディに織り込まれます。したがって、**本来は、金利・債券先物相場の動きをチェックすることで、将来の金利水準を先読みできるというメリットがあります。**

ただし、近年は、P86で述べたとおり、債券市場の状況が大きく変化しています。**先物価格の値動きが極めて小さく、売買高も少ないため、将来の金利水準の先読みは難しいのが現状です。**

日銀が債券市場の機能度などについて四半期ごとに調査している「債券市場サーベイ」をみても、機能低下が指摘されています。債券市場サーベイの2017年11月調査によると、債券市場の機能度

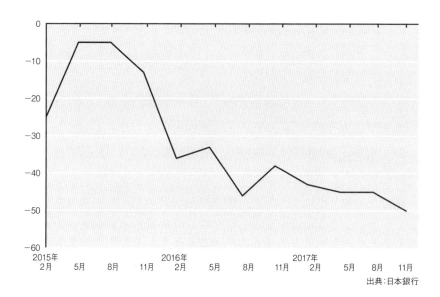

市場関係者による債券市場の機能度判断DI

出典：日本銀行

判断DIは「−50」と、市場関係者の機能度に関する評価は非常に低く、流動性（取引量）がかなり低下した状態との判断が示されています。機能度判断DIは2015年2月の調査開始以来、マイナスが続いています。

　機能度判断DIとは、債券市場が円滑に動いているかどうかを示す指数。調査対象先（日銀の国債売買オペ対象先のうち調査に協力した金融機関）が債券市場の機能について「高い」と答えた割合から「低い」と答えた割合を差し引いた値です。
　債券市場サーベイは、日銀が2013年4月に導入した「量的・質的金融緩和」（→171）の実施に伴い、市場関係者との対話の強化が必要との判断から実施されるようになりました。

No.05 金利を対象とする金利オプション取引

「あらかじめ特定の価格で売買する権利」を取引するのがオプション取引。身近な金利オプションはキャップとフロア。

▶ オプションとは売買する権利のこと

「デリバティブズ（**金融派生商品**）」と呼ばれる金融商品には、前ページまでで説明した先物取引、ここで説明する「**オプション取引**」、107ページの「スワップ取引」などがあります。

「オプション」を直訳すれば、「選択する権利」のこと。ある商品を、あらかじめ決められた価格（**権利行使価格**）で、決められた期日に売買する権利です。以下の2種類に分かれます。

①**コールオプション**　期間内に買う権利です。
②**プットオプション**　期間内に売る権利です。

もちろん、権利はタダではありません。金融機関は、代金を払って権利を購入、あるいは代金を受け取って権利を売却しておくのです。

オプションの値段は市場で時々刻々、取引状況に応じて変動します。そして、オプションを買った人は、権利を行使することによるメリットがあると判断される場合は行使しますが、メリットがない場合はそのまま放置するわけです。ですから、権利を行使しない場

合、オプションを買った代金はムダになり、損になります。

　具体的に説明しましょう。

　たとえば138円で債券先物を買うことができるコールオプションを50銭で買って保有しているとします。そして、権利行使期日の債券先物の市場実勢価格が139円であるとします。

　この場合、オプションを行使して138円で先物を買い、それを市場で売ります。すると稼ぎは1円（139円－138円）です。オプション代金が50銭なので儲けは50銭（1円－50銭）になります。

▶身近な金融商品に使われるキャップとフロア

　さまざまなオプション取引が存在していますが、身近な金融商品に使われ、一般にも知られている金利オプションである「キャップ」と「フロア」について説明します。

①キャップ

　文字どおり、金利上昇にふたをする（押さえる）イメージです。変動金利であるにもかかわらず、ある一定の金利水準以上には上がらないように設定する権利です。

　住宅ローンに、キャップを用いた商品があります。住宅ローン契約の中で、ローンの借り手が、キャップを買うかたちになっています。そのぶんのコストが契約条件に含まれてきます。

②フロア

　変動金利であるにもかかわらず、ある一定の金利水準以下には下がらないように設定するオプションです。なお、個人向け国債（変動10年）は、0.05％未満に金利が下がらないフロアがついた金融商品です。

No. 06

金利スワップから金利動向を読む

金利スワップは、変動金利と固定金利を交換する取引。

▶ 固定金利と変動金利を交換して有利な取引をする

「スワップ取引」とは何でしょうか。

スワップとは、「交換」という意味の言葉です。金融の世界では、「あるキャッシュフロー（お金の流れ）と別のキャッシュフローを交換する取引」のこと。

なかでも最も取引量が多いのが、固定金利と変動金利を交換する「金利スワップ」という取引です。金利スワップは、以下のようにキャッシュフローを交換できます。

・固定金利の資産（または負債）→変動金利の資産（または負債）
・変動金利の資産（または負債）→固定金利の資産（または負債）

---

①変動金利でお金を借りている場合

将来、市場金利が上がると、月々の返済額が増える金利上昇リスクがあります。

そこで金利スワップを利用して、変動金利を固定金利に交換すれば、そうしたリスクを回避できます。固定金利に変更すれば、金利

が上昇しても返済額が増えることはありません。

②固定金利で資金運用している場合

将来、市場金利が上がると、変動金利で運用した場合に比べて利益が見劣りするリスクがあります。

そこで金利スワップを利用して、固定金利を変動金利に交換すれば、リスクを回避できます。市場金利の上昇に合わせて、運用の受取額を増やすことができます。

▶ OISから日銀の金融政策の動きを読む

近年、注目度が高まっている金利スワップ取引に、「OIS（オーバーナイト・インデックス・スワップ）」があります。

OISは、「変動金利の無担保コール翌日物金利」と「固定金利」を交換する取引です。

OISの良いところは、変動金利の対象が、日本銀行の政策金利である翌日物金利になっていることです。つまり、日銀の金融政策が変更されないかぎり、急に上昇してしまうことはないのです。

逆に、金利スワップの変動金利の対象でよく使われる6カ月LIBORの場合は、各銀行が提示する金利がまちまちです（LIBOR→P68）。なので、何らかの信用不安が発生した場合、急に上昇してしまう可能性があります。

OISの変動金利は無担保コール翌日物金利なので、**OIS市場で取引された金利水準をみると、日銀の利上げ・利下げのタイミングや幅を、市場参加者がどうみているのかを知る手掛かりになります**。ただし、現状ではOIS参加者は外資系金融機関が中心で、市場参加者がまだ限られているという難点もあります。

Part 4

経済が金利を動かすしくみを理解しよう

No.01
需要と供給のバランスが金利を決める

金利が動く基本は、お金の需給バランスにある。

▶ お金の需給バランスで動くのが基本

　金利が日々変動するのは、基本的に**お金の需給関係（需給バランス）が変化するから**です。

　お金を借りたい人が貸したい人より多くなれば、お金の需要が増えて「金利は上昇」します。逆に、お金を貸したい人が借りたい人より増えると、お金の供給が増えて「金利は低下」します。

　このように、金利が需給バランスで決まるとき、常に有利なのは少数派です。

　あなたが大金持ちで貸金業を営んでいると仮定します。たくさんの人がお金を借りに来たとき、あなたはどんな行動をとりますか。

　まず、「借りたい人がたくさんいるから、ちょっと強気に出てみよう」と考えて、貸出金利を引き上げてみるでしょう。そして、借り手が「これ以上金利が上がるなら、借りるのをあきらめよう」と考える手前の水準まで、金利は上がっていきます。

　反対に、あなた以外にも貸金業を営む人がたくさんいると、今度は借り手が強気になります。「もっと金利を下げてくれないなら、

他で借りるよ」と金利をめぐる駆け引きが始まり、貸出金利は下がっていきます。

需給バランスで決まるしくみを、経済用語で「**マーケット・メカニズム（市場原理）**」といいます。

▶ 為替レートよりもコントロールされている

為替の場合、1ドル＝100円だったドル／円レートが、翌日には90円になったりしますが、金利は短期間で10％も動くことはまずありえません。

なぜなら、日本銀行の金融政策によって短期金利の水準がコントロールされ、大幅な変動が阻止されているからです。**金利は、為替よりも経済に及ぼす影響が大きく、短期間の大幅な変動は、経済を大混乱に陥れる危険性が高い**のです。

No.02

景気の良し悪しで
どう変わる？

金利は好景気と不景気の循環に左右されるが、同時に景気の行きすぎを防ぐ安定化装置の役目も果たしている。

▶ 金利は景気循環に大きく左右される

　金利を動かす最大の要因は「**日本国内の景気**」です。

　景気とは、一言でいうと「経済活動の勢い」のこと。景気が良いとモノやサービスがよく売れ、企業は儲かり、働き口（雇用）が増えます。このように経済活動が元気な状態を「**好景気（好況）**」、反対に元気のない状態を「**不景気（不況）**」といいます。

　好景気も不景気もずっと続くわけではなく、交互に入れ替わります。景気は右の図のようなパターンを繰り返します。これを「**景気循環**」といい、金利はこのサイクルに大きく左右されます。

　好景気になると、企業の生産・販売活動が活発になり、より多くのモノ・サービスを供給するために、銀行からお金を借りて設備投資をします。

　個人も勤め先の企業が儲かって給料が上がると、消費が増え、住宅やクルマなどの高額商品をローンで買う人も増えます。

　好景気では、経済全体が活動的になって「**資金需要**」が高まります。すなわち、お金を借りたい人が増えるので、お金の需給バラン

スから自然と金利は上昇します。

　しかし、ある程度まで金利が上がると、今度は不景気に入ります。金利が高くなると、利払い負担が増えて企業の儲けが減るため、従業員の給料やボーナスも減ります。

　すると、私たちは徐々にモノ・サービスを消費しなくなり、さらに企業の儲けは減ります。そして企業は、生産を調整したり設備投

資を控えたりするようになります。企業の資金需要は減り、自然と金利は低下することになります。

▶ 金利には景気を落ち着かせる力がある

　実は、金利にも景気を動かす力があります。その力を「**スタビライザー（安定化装置）機能**」と呼びます。

　景気が良くなりすぎると、「**インフレ**」を招く可能性が出てきます。インフレとは、モノの値段が上がり続けて経済全体が過熱する状態です。逆に、景気が悪くなりすぎると、「**デフレ**」を招く可能性が出てきます。デフレとは、モノの値段が下がり続けて経済全体に悪影響が出てくる状態です。

　どちらも経済や私たちの生活にとっていい状態ではありません。こうした景気動向の行きすぎを防ぐのが金利の力です。経済における景気と金利の関係は、「持ちつ持たれつ」なのです。

①**景気が良くなりすぎるとき**

　同時に金利も上がるため、自然と企業の儲けは減少し、個人消費も減って、徐々に景気は悪くなります。つまり、金利上昇が景気にブレーキをかけてインフレを防ぐわけです。

②**景気が悪くなるとき**

　同時に金利も下がるため、自然と企業の設備投資や個人消費にお金が回りやすくなり、徐々に景気が回復していきます。つまり、金利低下が景気のアクセルになるわけです。

▶ 長期金利は経済成長率と連動している

　金利の動きを長期でみると、経済成長と密接な関係にあります。

経済成長はGDP成長率で表します。

まずGDP（国内総生産）とは、一定期間に国内で新たにつくられたモノ・サービスの付加価値（商品・サービスの売上から原材料費を引いた金額）の合計額のこと。国の経済規模を測るときの各国共通のモノサシとして使われます。GDPが増えれば増えるほど経済規模が大きくなったことを意味します。そしてGDP成長率とは、GDPが前年より増えたか減ったかを表す経済指標です。

上の図は、GDP成長率（物価変動を調整しない名目ベース）と長期金利（10年物国債利回り）の推移です。**長期金利は、経済の高成長期には高く、低成長期には低くなる**ことがわかります。

それでは、戦後の日本経済を3つの時期に分けて、経済成長と金利の関係をみてみましょう。

①**高度経済成長期**（1957〜72年度）

　日本経済は飛躍的に発展し、ＧＤＰ平均成長率は実質9.5％、名目15.5％と高いものでした。

　この期間、国債市場はまだ整備されていなかったので（戦後日本の国債発行開始は1965年度）、当時の長期金利の代表格は10年物利付電信電話債（電々債）で、利回りは8〜14％前後でした。

②**安定成長期**（1973〜89年度）

　1973年のオイルショック（原油価格が高騰した出来事）以降、日本経済は安定成長期に入りました。バブル経済が崩壊する直前までのＧＤＰ平均成長率は実質4.4％、名目7.6％でした。

　この期間、長期金利（10年物国債利回り）の平均は7.1％と、名目ＧＤＰの伸び率にだいたい沿っています。

③**低成長期**（1991年度〜現在）

　1990年のバブル経済崩壊後、日本は長期にわたる低成長期に入りました。2009年度までのＧＤＰ平均成長率は実質0.8％、名目0.3％とごくわずかでした。

　この期間の長期金利の平均は2.5％です。しかし、期間を変えて2001〜2009年度の平均でみると、たった1.4％。この10年間の長期金利は2％をほとんど超えられず、市場では「**2％の壁**」と呼ばれていました。**2％の壁を超えられなかったのは、低迷するGDP成長率と連動していたからです**。

　さらに近年は、**日銀の異次元金融緩和**（→P171）によって、**長期金利はGDP成長率とは関係なく、人為的に低水準に抑え込まれています**。

No.03

物価の上昇、下落はどう影響してくる?

物価上昇と金利上昇の関係を理解すれば、両者の変動によってお金の価値がどう変化するかがわかる。

▶ 物価が上昇すると金利が上がる

物価(モノ・サービスの値段)と金利は、以下のような"運命共同体"の関係にあります。

- ・物価が上昇する→金利が上昇する
- ・物価が下落する→金利が低下する

①物価が上昇してインフレの気配が出てきた場合

物価が上がる気配をみせると、企業も個人も「値段が上がる前に早めにモノを買っておこう」と思います。買いだめですね。

たとえば、アルミ製品をつくっている企業は、安いうちに原材料のアルミをなるべく多く仕入れておこうとします。また、テレビやクルマの購入を計画していた個人は、計画を前倒しして、預貯金を取り崩してでも、安いうちに買おうとします。

この結果、モノ・サービスの売上げが伸び、企業は銀行からお金を借入れ、生産・販売活動費や設備投資費用などを増やしてもっと儲けようとします。

お金の需要が増えるわけですから、金利は上昇します。

②物価がどんどん下落してデフレになった場合

誰だって、「これからもっと値段が安くなるのに、高いときに買うのはバカらしい」と思うでしょう。そこで個人も企業も、今はお金を預貯金に回して、値段が下がったら買おうと考えます。

すると、モノ・サービスは売れなくなって収益は減るので、企業は生産・販売活動費や設備投資費用などを削るようになります。

お金の需要が減るわけですから、金利は低下します。

▶ 金利の本当の価値は実質金利で考えよう

「昨年2％だった定期預金の金利が3％に上昇！」というニュースが出たとします。預金者には一見ありがたいようにみえますが、本当にそうかは、物価上昇率（インフレ率）も併せて考えないと判断できません。

私たちが普段利用している預金や住宅ローンなどの金利は、「**名目金利**」といいます。たとえば、定期預金（預入期間1年）の金利0.01％は名目金利です。

これに対して、物価上昇率（消費者物価上昇率）も加味した金利が「**実質金利**」です。金利上昇が本当にありがたいかは、実質金利をみて判断するのです。以下は簡単な実質金利の計算式です。

名目金利－物価上昇率＝実質金利

▶ 物価が上がっている場合はどうなる？

名目金利と物価上昇率のどちらが高いかは、私たちの生活にとっ

てとても重要です。まず、物価上昇（物価上昇率がプラス）の場合からみてみます。

①名目金利が物価上昇率より高い場合

　定期預金（預入期間1年）の金利が5％、物価上昇率が3％とします。実質金利は、

名目金利5％－物価上昇率3％＝2％

　今100万円のクルマは1年後、103万円に値上がりします。同時期、金利5％の定期預金（預入期間1年）に100万円を預けると、1年後に105万円受け取れます（税金考慮せず。以下同じ）。
　今クルマを買ったらお金は残りませんが、定期預金が満期を迎える1年後には103万円に値上がりしたクルマを買っても、財布には2万円残ります。1年間我慢すれば得するのです。
　このように、名目金利が物価上昇率を上回っている場合、預金したお金は実質的に増えるのです。

②名目金利が物価上昇率より低い場合

　物価上昇率は先ほどと同じ3％のままで、名目金利が先ほどより低い1％だったとしたら、実質金利は、

名目金利1％－物価上昇率3％＝▲2％

　金利1％の定期預金（預入期間1年）に100万円を預けても、1年後に受け取れるお金は101万円。103万円に値上がりしたクルマは買えなくなります。

名目金利が物価上昇率より高い場合と低い場合

4 経済が金利を動かすしくみを理解しよう

このように、名目金利が物価上昇率を下回っている場合、預金したお金は実質的に減るのです。

一般に、景気が悪化しているとき、物価の下落で名目金利は低下しやすくなります。ちなみに、景気悪化とインフレが共存している状態は「**スタグフレーション**」といい、とても悪い経済状態です。

▶ 物価上昇率がマイナスの場合はどうなる？

次に、物価下落（物価上昇率がマイナス）の場合を考えてみます。

名目金利が1％、物価上昇率が▲2％とすると、実質金利は、

名目金利1％－物価上昇率▲2％＝3％

いま100万円のクルマは1年後、98万円に値下がりします。同じ時期に預金すれば、見た目は1％の金利ですが、実質的には3％の預金金利と同じ価値があることになります。

物価上昇率のマイナスが続いている状態を「**デフレ**」といいます。物価が下がると、同じお金でより多くのモノ・サービスを利用できるようになり、お金の価値（購買力）は実質的に高まります。

日本政府は2009年11月、日本経済は「緩やかなデフレ状況にある」と表明し、デフレを宣言しました。消費者物価がマイナスなのですから、当然、実質金利が名目金利よりも高くなっています。一般人の感覚からすれば、「給料は上がらないが、物価が安いから、家計は助かる」と感じている人も少なくないでしょう。

しかしデフレは、経済学の観点からみれば、決して喜ばしい状態ではなく、むしろ避けるべき状態です。なぜなら、企業の収益が悪

定期預金金利がインフレ率を上回っていることも

出典：総務省、日本銀行

化し、借金の負担増大などにつながりやすいからです。

　また、デフレで名目金利がゼロ近辺にあると、日本銀行（日銀）は利下げをしようにも、通常は金利をゼロまでしか下げられないため（「**名目金利のゼロ制約**」と呼ぶ）、金融政策で景気や物価を刺激することが難しくなってしまうからです。

　大きな視野でみれば、結局、**デフレは企業の収益悪化を通じて、一般の人々の生活に悪影響を及ぼす要因**だと、理解しておくべきでしょう。

▶ 物価上昇率はマイナス、預金金利はプラスの理由

　最後に、預金金利と物価上昇率の関係を説明しましょう。上の図で近年の状況をみてみると、ほとんどの期間で預金金利（定期預金

金利）がインフレ率（消費者物価指数）を上回っています。

　理由は、先に述べた「名目金利のゼロ制約」です。現実に、日銀がデフレに対応して金利をマイナスに下げても、預金金利もマイナスになる（預金すると元本が減る）ことは起こりにくいからです。

　１万円札を現金のままもっていて、預金金利を得なくても、物価が下落していけば、実質金利はプラスなので得するともいえます。

▶ 物価上昇時は預金金利も連動して上昇する

　現在の日本は、景気が低迷しているにもかかわらず、世の中に出回る１万円札は増え続けています。その理由は、預金金利があまりにも低いので、預けるのが面倒だといって現金のまま保有されているお金（タンス預金）が多いからだという見方が有力です。

「将来もし、日本経済がインフレに転換したら、預けたお金が減ってしまうおそれがある」と心配する人がいるかもしれません。

　しかし、その心配はあまり意味がないでしょう。先に述べたように、インフレ率が上がれば、それに対応して金利も上がるからです。

　現在、私はまったく想定していませんが、もし「物価の番人」である日銀が、インフレが急速に進むと判断した場合には、果敢に政策金利を引き上げるでしょう。預金金利もその動きに連動して上昇していくことになるでしょう。

　ところで、消費者物価指数は、一定のルールに沿って割り切って作成されている統計で、さまざまな誤差がつきものです。統計の改定も定期的に行われています。

　ですから、物価上昇率が１％以内の小幅な上昇・下落をして、実質金利が動いたとしても、一喜一憂する必要はないでしょう。

No. 04

金融政策は
どう作用する？

従来のやり方はもう限界！ 日銀は2001年から非伝統的金融政策を導入した。

▶ 伝統的金融政策をおさらいする

　景気が適度な成長ペースを超えてどんどん良くなると、インフレ（物価上昇）率が高くなるおそれが強まります。

　逆に、景気が後退したままどんどん悪くなると、デフレ（物価下落）が深刻になっていきます。

　つまり、景気が良くても悪くても、一定の時間をおいて、物価（消費者物価）の上昇や下落につながります。「過ぎたるは及ばざるがごとし」というように、**景気が上がるのも下がるのも、行きすぎはよくないのです。**

　「景気の行きすぎ」を抑えるために、日本の中央銀行である「**日本銀行（日銀）**」は、「**金融政策**」の舵をとっています。

　基本となるのは、次の2つの考え方です。

①**インフレ（好景気）のとき**

　「**金融引き締め**」を行います。金融引き締めとは、利上げをして金利を上昇させ、世の中の資金需要を減らすことです。資金需要が減ると、通貨供給量（世の中に出回るお金の量）は減ります。

②デフレ（不景気）のとき

「**金融緩和**」を行います。金融緩和とは、利下げをして金利を低下させ、世の中の資金需要を増やすことです。資金需要が増えると、通貨供給量は増えます。

日銀は、バブル経済崩壊後の1991年7月から景気回復・デフレ脱却を目指し、ほぼ一貫して金融緩和を継続してきました。こうしたなか、2001年3月には無担保コール翌日物金利がゼロ近辺まで下がり、従来のオペレーションを通じて短期金利を操作する「伝統的金融政策」が限界に差し掛かりました。

そのため、日銀は国債などの大量買い入れによって銀行の当座預金に潤沢なマネーを供給する「非伝統的金融政策」を採り入れました。

ここでは従来の「伝統的金融政策」と、現在の「非伝統的金融政策」を分けて解説します。

▶オペで金利を誘導する公開市場操作

かつて行われていた伝統的な金融政策には、「**公開市場操作**」「**公定歩合政策**」「**預金準備率操作**」の3つがあります。

まず、「公開市場操作」について解説します。

「**公開市場操作（オペレーション）**」とは、金融市場（→P55）に資金を供給したり、逆に資金を吸収したりすることで、「無担保コール翌日物金利」を誘導目標に近づける方法です。

・市場の資金を吸収する→市場で金利が上がる
・市場への資金供給を増やす→市場で金利が下がる

日銀の公開市場操作（オペレーション）

　日銀は、市場の需給バランスを調整することで、無担保コール翌日物の金利水準をコントロールするのです。

　主な資金供給オペレーション（オペ）には以下の4つがあります。

①共通担保オペ
　オペの主力です。日銀が「適格」と認める国債、地方債、社債などを根担保（担保の一種）として、資金供給します。

②国債買い切りオペ
　日銀が長期国債などを買うことで、資金供給します。以前は日銀券（お札のこと）発行残高が上限でした。

③国債買い現先オペ
　国債を、売り戻し（買った債券を再び売ること）条件付きで日銀が買うことで、資金供給します。

④国庫短期証券買い切りオペ
　国庫短期証券（国債の一種→P74）を日銀が買い入れて、資金

供給します。

　なお、「**CP買い現先オペ**」という、金融機関が保有するCP(企業の発行する短期社債)を、売り戻し条件付きで日銀が買うことで資金供給するオペもありますが、日銀はその実行を休止しています。

　資金供給オペの場合、日銀は、日銀内にある民間銀行の当座預金口座に資金を振り込みます。
　民間銀行は、互いに資金を融通し合うインターバンク市場（→P58）でお金の過不足を調整していますが、日銀からお金が入ったぶん、インターバンク市場でお金を借りる必要がなくなります。その結果、市場で金利は下がりやすくなるというわけです。

　一方、主な資金吸収オペは以下の2つです。
①**手形売り出しオペ**
　日銀が手形（将来の特定期日に特定金額を支払う約束をした証券）を振り出す（売る）ことで、資金吸収します。
②**国債売り現先オペ**
　国債を、買い戻し（売った債券を再び買うこと）条件付きで日銀が売ることで、資金吸収します。

　資金吸収オペの場合、民間銀行は、日銀内にある民間銀行の当座預金口座から日銀へ資金を振り込みます。
　当座預金残高が少なくなったぶん、民間銀行はインターバンク市場からお金を借りる必要が出てきます。その結果、市場で金利は上がりやすくなるというわけです。

▶公定歩合の性格は正反対になった

次が、「公定歩合政策」です。日銀が公定歩合を上げ下げすることで、民間銀行向けの貸出金を増減させ、結果的に通貨供給量も増減させるという方法で、以下のような効果があります。

> ・公定歩合を上げる→民間銀行は日銀から資金を借りにくくなる→民間銀行が市中に貸し出す資金量が減る
> ・公定歩合を下げる→民間銀行は日銀からより多くの資金を借りられる→民間銀行が市中に貸し出す資金量が増える

ただし、84ページで説明したように、公定歩合は現在、「基準貸付利率」となっています。もはや民間銀行が公定歩合の金利で日銀からお金を借りることはまれです。

現在の金利水準は0.3％。市場金利の水準よりかなり高めです。なぜなら、金融市場で資金を借りられなかった金融機関に対して、日銀が高めの金利で貸し出す「一種の罰則金利」だからです。

以前の公定歩合は、市場金利よりも低い水準に設定され、民間銀行に対する「一種の補助金」の性格を帯びていました。銀行にとって、まさに「天国から地獄」の変化ですね。

▶1991年以降、預金準備率操作は行われていない

伝統的金融政策の3つめが、「預金準備率操作」です。

民間銀行は、預かっている預金の一定の率以上の金額を、日銀内の当座預金口座に預け入れることが義務づけられています。

この義務のことを「準備預金制度」といい、一定の率のことを「預

金準備率」といいます。

預金準備率操作とは、日銀が預金準備率を上げたり下げたりすることで、以下のような効果を生みます。

> ・預金準備率を上げる→民間銀行が市中に貸し出す資金量が減る
> ・預金準備率を下げる→民間銀行が市中に貸し出す資金量が増える

民間銀行が預け入れる最低金額を「**法定準備（所要準備）**」といいます。たとえば、ある銀行について調べると、預金残高が2兆5000億円強の場合、1.2％（約300億円）となります。

しかし、日銀の預金準備率操作が行われたのは、1991年10月が最後で、現在では、金融政策の主な手段から完全に外れています。

その理由は1990年代以降、日本経済が長期低迷期に入り、0％近くまで利下げされて、金融緩和がほぼ限界に達しているからです。準備率を下げて世の中の資金需要を増やすという方法自体が、効果を失っているのです。

民間銀行は近年ずっと、法定準備を大幅に上回る金額を日銀内の当座預金口座に預けています（超過準備）。これは、日銀による量的緩和政策（→P163）の必然的な帰結です。

2008年9月のリーマン・ショック以降、米国やユーロ圏でも超過準備の状態が続いています。預金準備率の操作を最近行っているのは、中国やインドといった新興経済諸国に限られています。

▶非伝統的金融政策を世界に先駆けて採用

一方、非伝統的金融政策としては、2001年3月に誘導目標を日銀

の当座預金残高とする「**量的緩和政策**」（→P163）、2010年10月には国債に加えてＣＰや社債、ＥＴＦ、Ｊ－ＲＥＩＴなども買い入れ対象とする「**包括的な金融緩和政策**」（→P166）を導入しました。

実は、こうした非伝統的金融政策を世界に先駆けて採用したのが日銀です。あまり知られていませんが、たとえば「デフレ懸念の払拭が展望できるような情勢となるまで、ゼロ金利政策を続ける」といった「**フォワードガイダンス**」（中央銀行が将来の金融政策の方向性を説明する指針）を初めて導入したのも日銀なのです。

しかし、国債などの大量購入による資金供給オペを実施し、銀行の当座預金残高が増えても、企業や家計への貸出は思うように増えませんでした。その理由は主に２つあります。

①**不良債権問題**

お金が余っているからといって、銀行はむやみに信用力の低い企業や個人にお金を貸しません。返済が滞ったり、貸し倒れになれば、貸出金は「**不良債権**」になってしまい、銀行経営を圧迫するからです。

②**資金需要が低調**

そもそも景気がさほど良くないので、「お金を借りたい」という企業や家計は少ないのです。資金需要が小さい以上、民間銀行の貸出はなかなか伸びません。この状態を経済学では「信用創造が活発ではない」といいます。

結果として、日銀が市場に大量の資金供給を続けても、民間銀行の余剰資金は行き場のないまま、日銀の当座預金に「超過準備」として放置されました。いわば、「死に金」がどんどん積み上がる状態になってしまったわけです。

このような状況を受けて、日銀は「異次元緩和」と呼ばれる「量的・質的金融緩和」を2013年4月に導入。マネタリーベース(市場に直接供給する通貨)を2年間で2倍に拡大するため、残存年限の長いものを含めて巨額の国債買い入れを行うという、まさに量・質ともに次元の異なる大胆な金融緩和を導入しました。

さらに、2016年1月には「マイナス金利付き量的・質的金融緩和(マイナス金利政策)」を、同年9月には「長短金利操作付き量的・質的金融緩和」を導入しました。

ここでは、近年の2つの金融政策について詳しく説明しましょう。

▶日本初の「マイナス金利政策」を導入

正式には「マイナス金利付き量的・質的金融緩和」といい、銀行が日銀に預けている当座預金の一部に▲0.1％のマイナス金利を適用するという政策です。**「死に金」となっている当座預金の一部にペナルティを課し、金融機関にお金を貸し出す努力を促す**のが狙いです。

銀行は日銀にお金を預けると、利息を取られて損をするため、企業や個人への貸し出しを増やすことが期待されるというわけです。

具体的には、スイスなどで採用されている階層構造方式を導入しました。当座預金全体にマイナス金利が適用されるのではなく、基礎残高(＋0.1％)、マクロ加算残高(0％)、政策金利残高(▲0.1％)の3階層となっています。

この政策を導入した際の日銀の試算によると、金融機関全体で＋0.1％が適用される基礎残高は約210兆円。これは2015年1年間の当座預金の平均残高です。

次に、ゼロ金利が適用されるマクロ加算残高は当初は約40兆円

マイナス金利政策における日銀当座預金の3層構造

で、法定準備預金額（約9兆円）と貸出支援基金、被災地金融機関支援オペの合計額（約30兆円）。それに、日銀が裁量的に定める「マクロ加算」が加わっていく。そして、▲0.1％が適用される政策金利残高は当初は約10兆円。この残高は「日銀当座預金－基礎残高－マクロ加算残高」となります。

このように、マイナス金利が適用される政策金利残高は、日銀が裁量的に定めるマクロ加算によって調整できるしくみになっています。

金融政策によって金融機関全体の当座預金残高は年間約80兆円ペース、すなわち3カ月で約20兆円のペースで増えます。マクロ加算残高（当初約40兆円）を見直さなければ、増加部分はすべて政策金利残高となり、3カ月後には30兆円（当初の10兆円＋増加分20兆円）になります。

仮に、このとき日銀がマクロ加算残高を20兆円追加したとすると、約40兆円から約60兆円に増え、政策金利残高は10兆円で変わらないことになるわけです。

日銀はマイナス金利の導入によって企業や個人への貸出や投資などが増える効果を見込んでいますが、その効果が不十分だと判断すれば、マイナス金利の幅を広げる可能性もあるとしています。しかし、銀行収益への悪影響が危惧されており、実行は難しそうです。

▶「イールドカーブ・コントロール」を導入

　従来の「量的・質的金融緩和」「マイナス金利付き量的・質的金融緩和」を強化（というよりも修正）する新たな金融緩和の枠組みが「**長短金利操作付き量的・質的金融緩和**」です。主に2つの要素から成り立っています。

　1つは、金融市場調節によって長短金利の操作を行う「**イールドカーブ・コントロール（長短金利操作）**」です。

　まず短期金利は、マイナス金利政策を引き継ぎ、当座預金の政策金利残高に▲0.1％のマイナス金利を適用。一方、長期金利については、10年物国債利回りがゼロ％程度で推移するよう、長期国債の買い入れを行うことになりました。このため、イールドカーブ（→P93）は右ページの図のようなラインを描きます。

　政策金利である短期金利に加えて、長期金利も操作目標とすることによって、長短金利差を一定の範囲内に収め、長期・超長期の金利が下がりすぎる弊害を防ぐのが狙いです。イールドカーブのフラット化（平坦化）が行きすぎると、銀行収益や生命保険・年金の運用への悪影響が拡大して、かえって景気に悪影響が出かねないからです。長期金利の誘導は、前述したように国債の買い入れを通じて行われますが、買入額はこれまでのペース（年間の残高増加額約80兆円）をめどとしています。また、長期金利の上昇を止める「切

り札」として、利回りを指定して国債を買い入れる「指し値オペ」を導入しました。

　もう1つの柱は、「消費者物価指数（除く生鮮食品）の前年比上昇率の実績値が安定的に2％を超えるまで、マネタリーベースの拡大方針を継続する」という「オーバーシュート型コミットメント」です。これまでの緩和策では「（2％の目標を）安定的に持続するために必要な時点まで継続する」としていましたが、今回は目標を超える（オーバーシュートさせる）まで継続することを約束する（コミットする）ことで、物価安定目標の実現に対する人々の信認を高めるのが狙いです。

　日銀はマイナス金利政策と長期国債の買い入れを組み合わせた上記の金融政策が2％の物価目標実現に有効としています。しかし導入から1年以上経過した2017年12月現在、目に見える効果は出ていません。

No.05 財政政策でどのように動く?

財政政策が拡張か緊縮か、国債が増発されるかどうかで、長期金利が動く。

▶財政政策の拡張・緊縮と長期金利の関係

「財政」は、基本的には金利に大きな影響を及ぼします。

まず、国が国民から徴収した税金は、「年金、医療などの社会保障」「教育」「道路の整備や災害復旧などの公共事業」「防衛」などの使い道があります。財政とは、政府が税金を使って、このような国民生活に役立つさまざまなサービスを行う活動のことを指します。

「財政政策」とは、国や地方公共団体という広い意味での政府が、「財政をどのように舵取りしていくのか」という中身のことです。

国の経済全体に影響を及ぼす政策のことを「マクロ経済政策」といいます。通常は、①**中央銀行が行う金融政策**、②**政府が行う財政政策**の2種類に分かれます（為替政策をつけ加える場合もあります）。

69ページで、①の日本銀行（日銀）の金融政策は、とくに短期金利に強い影響を及ぼすと説明しました。

一方で、②の政府の財政政策は、どちらかといえば、長期金利への影響が大きいという特徴があります。

なぜなら、**国債の発行方針は、国の財政政策で決まるから**です。

国債の利回り（→P77）は、長期金利の指標になっています。

　また、国債の利回りに影響を与えるということは、債券全般の需給バランスにも影響を与えることにつながるので、**財政政策は、長期金利全体に影響を及ぼしている**といえます。

　それだけではなく、財政政策は、将来の景気・物価にも影響を与えます。なぜなら、たとえば、景気が将来しっかり回復するような財政政策が打たれた場合、市場は将来の好景気を予想して、長期金利は上昇するからです（景気と金利の関係→P112）。

▶財政政策が拡張方向で運営された場合は？

　財政政策を「**財政拡張**」（もしくは財政出動）と、「**財政緊縮**」の2パターンに分けて金利の動きを説明します。

　まず、不景気なので、政府が景気対策として「財政出動」するか「財政拡張」をするケースから考えてみましょう。

　財政出動とは、歳出（支出）規模を大きくしたり、減税をしたりして、景気を刺激して上向かせようとすることです。

　財政拡張とは、財政赤字拡大をためらわずに、財政政策を積極的

に活用しようとすることで、財政出動よりも広い概念です。

　しかし、不景気のときは国の税収が減るので、国家予算で当初見込まれていた歳入金額を下回ってしまいます。

　なぜなら、企業が儲からないので法人税の収入が減り、労働者の賃金も減るので所得税の収入が減るからです。さらに、経済活動が活発ではないので、消費税の収入も減ります。

　このように税収が減るのに、お金のかかる経済対策をするのですから、国債の発行を増やして財源をまかなうしかありません。

　すると、**景気・物価の回復が予想され、同時に国債の供給が増えることから、国債の利回りが上昇し、長期金利全体も上昇します。**

▶ 財政政策が緊縮方向で運営された場合は？

　次に、政府が財政赤字を減らす「財政健全化（財政再建）」をするために、「財政緊縮」を行うケースを考えてみましょう。

　財政緊縮とは、国家予算の歳出規模を小さくしたり、増税をしたりして財政赤字を小さくしようとすることです。

　財政赤字の幅は縮小し、その年度の新たな国債発行額は、前年度よりも少なくなります。すると、**景気が圧迫され、同時に国債の供給が減ることから国債の利回りは低下し、長期金利も低下します。**

　ただし、これらはあくまで基本原則です。2012年12月に発足した安倍内閣は、デフレ脱却を目指し、経済政策パッケージ「アベノミクス」（3本の矢：大胆な金融政策、機動的な財政政策、民間投資を喚起する成長戦略）を実施しました。財政政策が拡張方向で運営されましたが、日銀の異次元緩和によって債券市場の機能が低下したため（→P86）、金利が上昇していないのです。

No.06

為替相場の変動はどう作用する?

為替相場の変動は日本の景気や物価を動かし、金利に影響を及ぼす。

▶ 為替相場は日々変動している

「**為替相場**」の動きも、金利を動かす要因になってきます。

為替相場とは、円とドルなど異なる2つの通貨の交換比率のことです。たとえばニュースで「本日の東京外国為替市場の円相場の終値は1ドル＝90円でした」と報道されれば、東京市場ではその日、米国の通貨1ドルが、日本の通貨90円で最終的に取引されたと考えることができます。

為替相場の変動が金利を動かす具体的なしくみを説明する前に、代表的な為替相場である「ドル／円レート（円と米国ドルの交換比率）」の意味について説明しておきます。

ニュースなどでいわれる円高・円安とは、円の価値が上下するという意味で、次のような関係にあります。

・円の価値が上がる→ドルの価値が下がる（円高・ドル安）
・円の価値が下がる→ドルの価値が上がる（円安・ドル高）

ただし、「円高になった」「円安になった」といっても、いくらに

なったら円高で、いくらになったら円安かが決まっているわけではありません。あくまでも、ある時点から比べて円の価値が高くなったか安くなったか、ということです。

たとえば、1ドル＝120円の為替レートが100円に動いたときは「円高になった」といい、1ドル＝80円の為替レートが100円に動いたときは「円安になった」といいます。

同じ1ドル＝100円でも、それが円高か円安かはそれまでの為替レートがいくらだったかによって変わってくるわけです。

▶為替相場が物価を動かし、金利に影響を与える

日本経済は、成長の源泉を輸出に大きく頼っているため、為替相場の変動が、景気（→P112）の動向に大きな影響を及ぼします。

また、日本は鉱物資源に恵まれていないため、海外から原油などの原材料や各種製品を大量に輸入しています。そのためやはり、為替相場の変動が、国内の物価に大きな影響を及ぼします。

117ページで、物価と金利は密接な関係にあると説明しました。このことから、為替相場は金利を動かす大きな要因となります。

円高と円安に分けて、金利がどうなるかを説明します。

①円高に動いたとき

円高になれば、原油、天然ガス、鉄鉱石、石炭、とうもろこし、小麦など、製品をつくるために輸入している原材料の価格も安くなります。原材料コストが安くなれば、日本国内の製品価格が安くなって、物価は下がります。物価が下がると金利も下がりますから、

円高→物価の下落→金利低下

為替相場と金利の関係

　現在のようなデフレ（物価下落）局面では、円高で輸入品の価格が下がると、国内の製品はそれに対抗するため、強い値下げ圧力を受けます。

　また、円高はデフレ圧力が増すことを意味します。それを食い止めるために、日本銀行が新たな金融緩和策（→P126）を行うのではないか、という予想が金融市場で強まると、金利が低下する要因になってきます。

②円安に動いたとき

　輸入品が値上がりすると、追随して値上げする国内の製品も出てきます。また、輸入している原材料の価格が高くなって、日本国内の製品価格も高くなり、物価は上がります。物価が上がると金利も上がりますから、

円安→物価の上昇→金利上昇

▶ 金利が為替相場に与える影響は？

逆に、金利の変動も為替相場に影響を与えます。

米国と日本の関係で説明します。

たとえば、米国の金利が上昇（または日本の金利が低下）して、日米間の金利差が広がると、日本の金融商品よりも、米国の金融商品のほうが有利になります。

誰しも、大切なお金をより有利な条件で運用したいですから、多くの投資家が円をドルに換えて、米国の金融商品を購入するようになります。その結果、ドルが買われ、円安・ドル高になります。

一方で、日本の金利が上昇（または米国の金利が低下）して、日米間の金利差が狭まると、米国の金融商品よりも、日本の金融商品のほうが相対的にはこれまでよりも有利になります。

多くの投資家がドルを円に換えて、日本の金融商品を購入するようになります。その結果、円が買われ、円高・ドル安になります。

したがって、金利の変動が為替相場に与える影響は以下のようになります。

・米国の金利上昇（または日本の金利低下）→円安・ドル高
・日本の金利上昇（または米国の金利低下）→円高・ドル安

ただし、為替相場はこうした国内と外国の金利差（内外金利差）だけでなく、関係各国の政治・経済状況や貿易収支、株価など、さまざまな要因で動いています。このため、一般に内外金利差が広がると、金利が高い国の通貨が買われる要因となりますが、必ずしも為替相場がその通りに動き続けるとはかぎりません。

No. 07
株式相場が上昇・下落するとどうなる?

一般的に、株価が上がると債券が売られやすく(金利上昇)、株価が下がると債券が買われやすい(金利低下)。

▶ 株価と金利は相関関係にある

「株式相場」の動きは、金利を動かす要因になります。

144ページの図をみると、長期金利の指標である10年物国債の利回りと、株価指数のTOPIX(東京証券取引所第一部上場の全銘柄を対象とした代表的な株価指数)の動きが2013年頃から大きく乖離していることがわかります。これは、日銀の"異次元緩和"と呼ばれる量的・質的金融緩和(2013年4月導入)によって長期金利は低下する一方、2012年12月に誕生した第2次安倍内閣の経済政策「アベノミクス(大胆な金融政策・機動的な財政政策・民間投資を喚起する成長戦略)」と円安を追い風に株価が上昇したからです。

しかし、それ以前の動きはほぼ同じラインを描いているように、本来は株価と金利の動きには、およそ以下のような相関関係があるといえます。

- 株価上昇=金利上昇
- 株価下落=金利低下

TOPIXと長期金利は本来は連動している

出典:日本取引所グループ、日本相互証券

　なぜそうなるのかを考えてみます。

①**株価が上昇した場合**

　株価がどんどん上がりそうな気配が出てきたら、あなたは預金や債券などを現金化し、さらに株を買うでしょう。

　多くの人が同じように動いて、債券を売りたいという人が増えると、債券価格は下がり、利回りは上がります（債券の価格と利回りの関係→P77）。

②**株価が下落した場合**

　逆のパターンで、あなたがある上場企業の株をもっていて、その株価が下がり始めたとします。

　この先も下がりそうな気配が出てきたら、もっている株を売って現金化し、預金や債券などに回そうとするでしょう。

　多くの人が同じように動いて、債券を買いたいという人が増えると、債券価格は上がり、利回りが下がります。

　TOPIXではなく日経平均株価でも、以上の流れは同じです。

株価は、景気の先行指標（将来の方向性を示す指標）とされています。株価の上昇・下落は、どういう景気の先行きを示しているのか説明します。

①株価が上昇した場合

　将来の企業の売上げや収益の増加を市場が先読みしているシグナルです。企業の業績が良くなれば、私たちの給料やボーナスは増えることになり、個人消費も活発になります。すると、ますます企業の業績は伸びるという好循環になっていきます。

　日銀が政策金利引き上げに動くだろうという見方が市場で強まりやすくなり、これが市場金利の上昇をさらに促します。

　先に述べたように、株価上昇は、企業の売上げや収益の将来の増加を示唆しています。つまり、株価上昇は、景気回復のシグナルといえます。ただし、景気が良くなりすぎると、インフレに陥る可能性も出てきます。

②株価が下落した場合

　将来の企業の売上げや収益の減少を市場が警告しているシグナルです。企業の業績が悪ければ、私たちの給料やボーナスは増えず、財布のヒモは固くなります。すると、個人消費が悪くなり、ますます企業の業績は落ち込むという悪循環になっていきます。

　日銀が政策金利引き下げに動くだろうという見方が市場で強まりやすくなり、これが市場金利の低下をさらに促します。

　なお、「株から債券へのシフト」とマスコミはよく書きます。しかし実際には、株を売る投資家と債券を買う投資家は別々であることが少なくありません。

No. 08 米国の金融政策が日本の金利を動かす

「世界の中央銀行」ともいわれる米国の中央銀行、FRBの金融政策も、日本の金利に影響を与える。

▶各国経済は米国を中心につながっている

ここでは、**米国の金融政策**が、日本経済と国内の金利にも影響を与えることを説明します。

まず、各国には「**中央銀行**」があり、自国の金利を適正な水準にコントロールし、物価や金融システムの安定に日々努めています。各国の中央銀行を紹介すると、日本は「日本銀行」、米国は「連邦準備制度理事会（FRB）」、ユーロ圏は「欧州中央銀行(ECB)」、英国は「イングランド銀行（BOE）」です（各国の中央銀行→Part6）。

なかでも**FRBは、米国の中央銀行であるだけにとどまらず、「世界の中央銀行」ともいわれる**ほど大きな影響力をもっています。

なぜなら、米国経済をコア（核）または中心点として、先進国から中国やブラジル、インドなどの新興経済諸国まで、世界中の国々の経済が、モノとマネー双方の流れによってつながっているからです。

よってFRBの金融政策は、米国内にとどまらず、世界中の国々の経済に影響を与えるのです。

2008年9月、米国で「リーマン・ショック」と呼ばれる金融危機が発生しました。その後、先進諸国・新興経済諸国の景気は、ドミノ倒しのように急激に悪化しました。世界経済の構造は、1つの輪でつながっていることが再確認されたわけです。

リーマン・ショック前までは、新興経済諸国の経済はもはや、米国経済から切り離されているとする「デカップリング論」が存在していました。米国経済が悪化しても、それにつられて新興経済諸国の経済は悪化しないという説です。

しかし、デカップリング論は明確に否定されました。

▶ 米国が主導して協調利下げが行われた

リーマン・ショック後、ＦＲＢが主導するかたちで「**協調利下げ**」が行われました。

協調利下げとは、各国の中央銀行がお互いに連絡を取り合い、2つ以上の中央銀行がほぼ同じタイミングで政策金利を引き下げることです。

　2008年10月8日に、FRB、ECB、BOE、スイス国立銀行（スイスの中央銀行）、カナダ中央銀行、スウェーデン中央銀行の6中央銀行は、そろって利下げに踏み切りました。利下げ幅はどの中央銀行も0.5％です。

　協調利下げが行われた理由は、米国発の金融危機が欧州にも波及して、世界中の国々の株価が急落し、世界の金融市場が大混乱したことに対応するためです。

　日銀も、やや遅れて10月31日に0.2％幅の利下げをしています。

▶ 今後のFRBの出方で世界経済が変わる

　米国の通貨ドルは、世界中の通貨の中で最も信頼度が高く、世界中で使われている「**基軸通貨**」です。金融政策を通じてドルの命運を握っているFRBの出方（とくに利上げの時期と幅）しだいで、世界経済は良くも悪くもなるといっても過言ではありません。

　米国で住宅バブルとクレジット（信用）バブルが崩壊してからまだ10年ほどしかたっていません。米国経済はまだ"治療期間"あるいは"療養期間"を完全には終えていないと考えられます。

　また、賃金・物価が上がりにくいのに、FRBが無理に利上げして、米国経済の腰折れを招いてしまうと、世界経済全体に大きな悪影響が及びかねません。

　米国の金利の動きは、為替相場を経由して日本の金利にも強い影響を与えています。

No. 09

信用度合いで金利が変わってくる

金利は信用度合いに応じて加味される「リスクプレミアム」によって変わってくる。

▶ 信用度が低いとリスクプレミアムが高くなる

　銀行の貸出金利は、貸した相手から元金や利子がきちんと返ってくるかどうかという「**信用度合い**」で変わってきます。

　貸したお金が返ってこない可能性（**信用リスク**）が高くなるほど、金利は高くなりますが、その上乗せ分の金利は「**リスクプレミアム**」の一種です（ほかに価格変動リスク、財政リスク、流動性リスクなどのリスクプレミアムがあります）。

　たとえば、ある銀行が、優良企業A社に、短期プライムレートの3%で貸し出していたとします。

　「**プライムレート**」とは、銀行の最優遇貸出金利のこと。期間1年以下のものを「**短期プライムレート（短プラ）**」、1年超の場合を「**長期プライムレート（長プラ）**」といいます。借りるほうからすれば、最も有利な借入金利という位置づけです。

　このとき、信用リスクの高い中小企業B社が、A社と同じ短期プライムレートで貸してほしいと頼んでも、銀行は「御社はちょっと信用度が低いからダメ」ということで断るでしょう。

でも、どうしてもお金を借りたいB社が「もっと高い金利を払うから、ぜひ貸してほしい」といい出したら、どうでしょうか。

　銀行も商売ですから、①一般的な金利水準よりも高い金利収入が得られる、②貸し倒れリスクの相対的な高さに見合った、高い金利水準が確保できる、という場合なら、貸し出しに応じることがあるでしょう。

　その際の条件が、仮に短期プライムレートに2％上乗せした5％だとしたら、この上乗せした2％が「リスクプレミアム」というわけです。

　リスクプレミアムは、信用リスクが高まるほど大きくなり、貸出金利も上昇します。逆に、**信用リスクが低くなるほど小さくなり、貸出金利は低下します。**

　現在、銀行貸出における短期プライムレートの出番は、以前よりも少なくなっています。とくに大企業向けの貸し出しは、「**スプレッド貸出**」のシェアが上昇しています。

　スプレッド貸出とは、たとえばTIBOR（→P65）を基準にして、貸出先の信用度の高低に合わせたリスクプレミアムを加えて、貸出金利とする方式です。この場合のリスクプレミアムの決め方も、前述した説明と同じです。

▶ 期間や流動性でリスクプレミアムが変わる

　リスクプレミアムは、貸し出す「期間」にも左右されます。

　今の世の中、1年先のことだってわからないのに、10年先ともなると、正直、雲をつかむような話ですね。銀行もお金を貸し出す期間が長くなればなるほど、途中で何かトラブルが起きてお金を返してもらえなくなる可能性が高くなりますから、リスクプレミアム

信用度合いで貸出金利が変わる

も大きくなるわけです。

　また、債券の場合は、信用リスクと期間に加えて、「**流動性**」も関係してきます。流動性とは、市場での売買のしやすさのこと。売買しづらく、換金しづらいリスクを「**流動性リスク**」といいます。

　たとえば、投資家に人気のない債券は、買いたいという人が少ないため、不利な価格で売らざるを得なくなったり、売れなくなったりします。こうした流動性リスクの大きい債券は、そのぶんリスクプレミアムも大きくなります。

　このようにリスクプレミアムは、信用リスクや期間、流動性リスクなどによって変わってきます。いい換えれば、**不確定要素が多くなるほど借りる金利は上がり、資金調達のコストは高くなる**というわけです。

No. 10

格付会社の評価で変わってくる

債券の信用度合いを評価する格付会社の評価が、金利水準に反映される。

▶ 債券のデフォルトリスクを格付けでみる

「**格付会社**」の評価は、金利を動かす要因になります。まず、格付会社について説明します。

債券（→P47）の発行体が破綻すると、元本や利子が受け取れなくなる可能性があります。このリスクを「**デフォルト（債務不履行）リスク**」といいます。

投資家は、「債券のデフォルトリスクがどのくらいか」を判断する基準がなければ、国債や社債などに安心して投資できません。

そのため、格付会社は、債券の安全度に関する情報を、アルファベットなどを用いたわかりやすい記号で提供しています。

このように格付会社は、重要な役割を担っています。

代表的な会社に、米国の「**S＆Pグローバル・レーティング（S＆P）**」「**ムーディーズ**」、米英の「**フィッチ・レーティングス**」、日本の「**格付投資情報センター（R＆I）**」「**日本格付研究所（JCR）**」などがあります。

各社とも、「発行体が債券の元本と利子を償還（満期）まで予定どおり支払えるかどうか」という見通しを、簡単な記号で評価して

格付会社の格付け記号

	ムーディーズ	S&P
投資適格水準	Aaa	AAA
	Aa(1〜3)	AA(+,−)
	A(1〜3)	A(+,−)
	Baa(1〜3)	BBB(+,−)
投機的水準	Ba(1〜3)	BB(+,−)
	B(1〜3)	B(+,−)
	Caa(1〜3)	CCC(+,−)
	Ca	CC
		C
	C	D

投資適格水準 ——→ 投資に適している
投機的水準 ——→ 投資リスクが高い

います。それでは、代表的な格付会社であるＳ＆Ｐとムーディーズの格付けについて説明します（上の図）。

①Ｓ＆Ｐの格付け

まずＳ＆Ｐの長期債務（満期１年以上の債券のこと）格付け記号は、最も信用力が高い「ＡＡＡ」〜最も信用力が低い「Ｄ」まであります。

このうち「ＡＡ」〜「ＣＣＣ」は、「＋」と「−」をつけて、各３つずつに分かれます。たとえば「ＡＡ」格は、格付けが高い順に「ＡＡ＋」「ＡＡ」「ＡＡ−」になるということです。

評価は以下の２つのカテゴリーに大きく分かれます。

・「ＡＡＡ」〜「ＢＢＢ−」

「投資適格水準」で、投資に適しているという評価です。

・「ＢＢ＋」以下

「投機的水準」で、投資リスクが高いという評価です。

②ムーディーズの格付け

　長期債務についてのムーディーズの格付け記号は、最も信用力が高い「Ａaa」から最も信用力が低い「Ｃ」まであります。

　このうち「Ａa」〜「Ｃaa」は、「１」「２」「３」を加えて、さらに３つずつに分かれます。たとえば「Ａa」格は、格付けが高い順に「Ａa１」「Ａa２」「Ａa３」になるということです。

・「Ａaa」〜「Ｂaa３」

「投資適格水準」で投資に適しているという評価です。

・「Ｂa１」以下

「投機的水準」で、投資リスクが高いという評価です。

　両者の後のほうの「投機的水準」という評価の債券は、信用リスク（→Ｐ149）がかなり高い「ジャンク債」と呼ばれます。ジャンクとは英語でガラクタ、クズという意味です。

　ただし、ジャンク債を買う人がいないわけではありません。米国では日本と違って、ハイリスク・ハイリターン（高いリスクをとれば、高い利益が得られる）をねらう投資家が多く存在します。そこで、ジャンク債市場の取引量も十分にあるのです。

　このことから、信用力が低い企業でも、債券市場で資金調達する手段をもっているわけです。

　格付会社は表記の仕方に違いはあるものの、どこも基本的には同じような格付けの段階を設定しています。

　また、国債や社債などの格付けには普通、その方向性についての

見通しを示した「**アウトルック**」が付記されています。

たとえば、Ｓ＆Ｐのアウトルックは次の4種類があり、「長期格付けが中期的（通常6カ月〜2年間）にどの方向に動きそうかを示す」と定義されています。

①ポジティブ

格付けが上方に向かう可能性を示します。

②ネガティブ

格付けが下方に向かう可能性を示します。

③安定的

格付けが安定的に推移しそうであることを示します。

④方向性不確定

格付けが上方にも下方にも向かう可能性があることを示します。

▶ 格付会社の評価は絶対的なものではない

債券の格付けは、投資家にとって貴重な情報源となります。しかし、それは絶対的なものではないことに注意が必要です。あくまでも、その格付会社が示しているひとつの見解にすぎません。

たとえば、ムーディーズのホームページをみると、ムーディーズの格付けは「相対的な信用リスクに関する今後を展望した意見である」と書かれています。つまり、格付けは絶対的な評価ではない、と断っているのです。

ある債券について、格付会社ごとに評価水準が異なることも珍しくありません。

また、その格付け評価に誰もが納得するわけではありません。たとえば、かつて日本国債がムーディーズによって「A2」まで格下げされたとき、日本の財務省が強く反論したケースがあります。

▶格付けで発行体の資金調達コストが変わる

　格付けは、発行体の資金調達コストである「リスクプレミアム」(→P149)を動かします。リスクプレミアムとは、前述した債券のデフォルトリスクを考慮して決められた上乗せ金利のことです。
　債券の金利は、発行体の格付けによって以下のようになります。

> ・発行体の格付けが高い→リスクプレミアムが低い→金利が低い
> ・発行体の格付けが低い→リスクプレミアムが高い→金利が高い

　また、格付会社は格付けを上下させますから、債券の金利は、

> ・格付けが下がる→リスクプレミアムが増える→金利上昇
> ・格付けが上がる→リスクプレミアムが減る→金利低下

　格付けの低い発行体は、債券の金利を高くしなければ、投資家が買ってくれません。よって資金調達コストは高くなります。
　逆に格付けが高い発行体は、債券の金利が低くても、投資家が買ってくれます。よって資金調達コストは低くなります。
　財務の健全性が高い優良企業は、手数料を払って格付けを取得しようとします。これを「**依頼格付け**」といいます。評価の高い格付けを得られれば、より安いコストでお金を調達できるからです。
　逆に、格付けを取得したくない企業でも、格付会社が、その会社の格付けを独自の判断で公表することがあります。これを「**勝手格付け（非依頼格付け）**」といいます。たとえば、重要度の高い発行体である国、銀行、保険会社などは、勝手格付けをされることがあり

格付けが債券の金利に影響する

```
        発行
債券の発行体 ──────→ 債券
    ↑              ↑
    │         格付けに応じた  購入
    │          金利がつく     │
  格付け                     │
    │                       投資家
    │                        │
    │      格付けを           │
    │   投資判断材料にする    │
  格付会社 ←──────────────────┘

デフォルト・リスクを評価
```

ます。

　格付けが下がると、金利に大きな影響を与えることがあります。

　年金基金のような機関投資家（→P179）は、投資対象となる債券の格付けの最低基準を決めている場合があります。

　また、中央銀行は、資金供給のための公開市場操作（→P126）の担保として受け入れる債券の格付けの最低基準を決めている場合があります。

　このことから、ある債券の格付けが下げられて、区切り目の水準を下回ってしまうと、急激に需要が減ってしまうことがあります。

　結果としてその債券はたくさん売られ、流通利回りが急上昇することになります（ギリシャ危機の事例→P96）。

Part 5

金利を動かす
プレーヤーたち

No. 01 日本銀行が金利を動かす

日銀は20年以上にわたって超低金利政策を続けている。追加の金融緩和の手法を模索している苦しい立場。

▶「金融政策決定会合」で金融政策の方針が決まる

126ページで、**日本銀行（日銀）**の金融政策が「伝統的金融政策」から「非伝統的金融政策」へ移行したことを紹介しました。ここでは金融政策の動向についてより詳しく説明します。

金融政策の方針や政策金利の水準を決めているのは、「**政策委員会・金融政策決定会合**」です。

政策委員会のメンバーは日本銀行の総裁、副総裁2人、審議委員6人の計9人。9人が1票ずつ議決権をもち、多数決で政策方針を決定して、日本の金融政策の舵取りをしています。

審議委員は、大学教授や民間企業の役員といった人たちから選ばれます。そして衆参両院の同意を得て内閣が任命し、日銀の常勤役員となります。任期は5年で、再任されることもあります。

金融政策決定会合は原則として、
・年8回（2月、5月、8月、11月以外）
・2日間
討議を行い、次回会合までの金融政策の方針（金融市場調節方針）

を決めています。

　金融政策は政府の行う経済政策とも関係してくるため、内閣府と財務省の代表が政府からオブザーバーとして出席します。しかし投票する権利はなく、議決の延期を要請できる「議決延期請求権」だけが与えられています。

　会合では主に、以下のような内容が話し合われます。
- **金融市場調節の方針**（短期金利の誘導目標など）
- **経済・金融に関する情勢分析**（景気・物価の現状判断と先行き見通し、主なリスク要因）
- **金融政策運営の基本的なスタンス**

　会合終了後ただちに、話し合われた内容、決定事項などを伝える「**声明文**」が公表されます。

▶景気を回復させようとした金融政策とその結果

　それでは、近年の日銀の金融政策を振り返ってみます。

　日本経済が長い景気低迷から脱却するよう、日銀はこの約20年間ほぼ一貫して、「**金融緩和**」（→P126）政策をとってきました。

①ゼロ金利政策を導入

　1999年2月12日の金融政策決定会合で、前例のない「**ゼロ金利政策**」が導入され、その後約1年6カ月間続きました。

　その目的は、①デフレ（物価下落→P122）圧力の高まりを抑える、②景気の悪化に歯止めをかける、の2つです。

　そのため豊富な資金供給を行い、政策金利（無担保コール翌日物金利→P69）をできるだけ低い水準に誘導しました。政策金利が0％に近い水準まで下がったので、「ゼロ金利政策」と呼ばれました。

②ゼロ金利政策の解除

　2000年8月11日の金融政策決定会合で、「デフレ懸念の払拭が展望できるような情勢に至った」と判断され、ゼロ金利政策は解除されました。そして無担保コール翌日物金利の誘導目標は、0.25％に引き上げられました。

　このとき政府は、「ゼロ金利政策を解除するのはまだ早い」として、ゼロ金利政策解除の議決を次回会合まで延期することを求めたのですが、政策委員の多数決（8対1）で否決されました。

③ゼロ金利政策解除は失敗に終わる

　ところがIT関連企業の株価が根拠なく高騰したITバブルが米国や日本で相次いで崩壊し、日本経済は危機的な状況を迎えました。
　2001年3月には、政府が「緩やかなデフレにある」と認めました。

日本経済は景気が悪化しつつ物価が持続的に下落する局面に入ったのです。

結果的に、前年8月のゼロ金利政策の解除は、最悪のタイミングとなってしまいました。

④量的緩和政策の導入

しかし日銀は、あからさまに「ゼロ金利解除の失敗」を認めたくありませんでした。そこで2001年3月19日の金融政策決定会合で、ゼロ金利政策に戻らずに、**「量的緩和政策」**が導入されました。

量的緩和政策によって、金融政策の誘導目標は、これまでの無担保コール翌日物金利から、**「日銀の当座預金残高」**に変わりました。

量的緩和政策のしくみを説明すると、まず日銀が、資金供給オペを従来よりも大量に、長期間にわたって行います。すると、日銀内にある民間銀行の当座預金残高が増えます（公開市場操作→P126）。

残高が増えたぶん、民間銀行が企業向けの貸し出しに回せば、市場への資金供給量も増えるだろうというわけです。

ところで、量的緩和政策導入後の無担保コール翌日物金利はどうなったのかといえば、0％近辺でした。

この点ではゼロ金利政策と同じなので、市場では当時、「裏口からゼロ金利に戻った」と日銀の姿勢を揶揄するような声が出ていました。

量的緩和政策のねらいとは、日銀が間接的に世の中への資金供給量を増やすことです。しかし現実には、金融システム不安は抑制したものの、景気刺激の効果は出なかったというのが大方の専門家の評価です。

⑤**量的緩和政策の拡大**

　日銀は、量的緩和政策を続ける期限を、「消費者物価指数（生鮮食品を除く）の前年比上昇率が、安定的にゼロ％以上となるまで」と約束しました。

　政策に「時間軸」を設けたうえで、日銀はさらに当座預金の残高目標をどんどん増やしていき、市場への資金供給はジャブジャブの（大量にあふれかえる）状態になっていきました。

　導入当初の残高目標は、4兆円強だった当座預金残高を5兆円程度に増やすことでしたが、段階的に残高目標が引き上げられたおかげで、最終的には、「30〜35兆円程度」にまで膨らみました。

⑥**量的緩和政策の解除とゼロ金利政策への移行**

　量的緩和政策は約5年間続いた後、2006年3月9日に解除されました。政策委員会は「消費者物価指数の前年比は先行きプラス基調が定着していくとみられる」と判断し、金融政策の誘導目標を日銀当座預金残高から、無担保コール翌日物金利に戻したのです。

　誘導目標は「おおむねゼロ％で推移するよう促す」とされました。

⑦**ゼロ金利政策の解除と利上げ**

　2006年7月14日、ゼロ金利政策も解除され、0.25％の利上げが行われました。

　さらに2007年2月21日には0.25％の追加利上げが行われ、無担保コール翌日物金利の誘導目標は0.5％になりました。

⑧**2度の利下げで政策金利は0.1％に**

　2008年後半、欧米の金融危機から世界経済は急激に悪化しまし

量的緩和のしくみ

日本銀行 → 日銀当座預金残高の目標を決定

公開市場操作（資金供給）の強化
↓
各行の日銀当座預金残高 ← どんどん増える
↓
企業向け貸し出しへ回る?

た。日本の景気悪化も明らかになり、2008年10月31日に利下げが行われ、誘導目標は0.3%になりました。

その後も景気悪化は続いたので、同年12月19日に追加利下げが行われ、誘導目標は「0.1%前後で推移するよう促す」と決まりました。

⑨10兆円規模の新型オペ導入

2009年に入っても、日本経済はデフレや円高、金融不安などで深刻さを増していきました。

そこで2009年12月1日、臨時の金融政策決定会合が開かれ、やや長めの金利（ターム物金利→P56）をさらに低下させるため、

10兆円規模の新しい資金供給手段（**新型オペ**）が導入されました。
　その手段とは、日銀が国債や社債などを担保に、期間3カ月、固定金利0.1％で銀行に貸し出しを行うことです。その後、10兆円上積みされて計20兆円となり、実際に金利が低下しました。
　たとえば、国庫短期証券（ＴＤＢ→Ｐ74）の利回りは0.1％近くまで低下、ユーロ円ＴＩＢＯＲ3カ月物金利（ユーロ円→Ｐ66）も2010年4月28日には0.4％を下回るほど低下しました。

⑩新型オペに6カ月物追加

　2010年8月30日の金融政策決定会合で、新型オペ（固定金利方式・共通担保資金供給オペ）に期間6カ月物を追加しました。資金供給規模は10兆円程度。新型オペの最終的な資金供給規模は30兆円程度になりました。

⑪「包括的な金融緩和政策」の導入

　2010年10月5日の金融政策決定会合で、金融緩和を一段と強力に推進するため、以下の3つの措置からなる「包括的な金融緩和政策」（**包括緩和**）を導入しました。
（1）金利誘導目標の変更
　無担保コール翌日物を、0～0.1％程度で推移するよう促す。
（2）「中長期的な物価安定の理解」に基づく時間軸の明確化
　物価の安定が展望できる情勢になったと判断するまで、実質ゼロ金利政策を継続していく。
（3）資産買入等の基金の創設
　国債、ＣＰ、社債、ＥＴＦ（指数連動型上場投資信託）、Ｊ－ＲＥＩＴ（不動産投資信託）など多様な金融資産の買入れと新型オペを

行うため、臨時措置としてバランスシート上に基金を創設することを検討する。

　その後、10月28日の金融政策決定会合で、資産買入等の基金について基金の総額や買入対象資産ごとの買入限度額、買入方式などを以下のように決定しました。
（1）基金の総額：35兆円程度
　　　資産買入：5兆円程度
　　　新型オペ：30兆円程度
（2）買入対象資産ごとの買入限度額
　　　長期国債、国庫短期証券：3.5兆円程度（うち長期国債1.5兆円程度）
　　　ＣＰ等、社債等：それぞれ0.5兆円程度
　　　ＥＴＦ：0.45兆円程度（認可取得を条件とする）
　　　Ｊ-ＲＥＩＴ：0.05兆円程度（同上）
　さらに、11月5日の金融政策決定会合で、ＥＴＦとＪ-ＲＥＩＴの買入れについて具体的な方法などを決定しました。

⑫「包括緩和」を強化
　続いて、以下の金融政策決定会合で「包括緩和」を強化しました。
●2011年3月14日
　東日本大震災の影響により、企業マインドの悪化や金融市場におけるリスク回避姿勢の高まりが実体経済に悪影響を与えることを未然に防止する観点から、リスク性資産を中心に資産買入等の基金を5兆円程度増額し、40兆円程度としました。増額分の買入対象資産ごとの内訳は以下のとおり。
長期国債：0.5兆円程度

国庫短期証券：1.0兆円程度

ＣＰ等：1.5兆円程度

社債等：1.5兆円程度

ＥＴＦ：0.45兆円程度（認可取得を条件とする）

Ｊ－ＲＥＩＴ：0.05兆円程度（同上）

●2011年8月4日

　資産買入等の基金を40兆円程度から50兆円程度に10兆円程度増額。増額分の買入対象資産ごとの内訳は以下のとおり。

長期国債：2兆円程度

国庫短期証券：1.5兆円程度

ＣＰ等：0.1兆円程度

社債等：0.9兆円程度

ＥＴＦ：0.5兆円程度（認可取得を条件とする）

Ｊ－ＲＥＩＴ：0.01兆円程度（同上）

新型オペ期間6カ月：5兆円程度

●2011年10月27日

　資産買入等の基金を50兆円程度から55兆円程度に5兆円程度増額。増額分の買入れは長期国債が対象。

⑬「中長期的な物価安定の目途」導入

　2012年2月14日の金融政策決定会合で、「中長期的な物価安定の目途」を導入。この中長期的な物価安定の目途について日銀は、消費者物価の前年比上昇率で2％以下のプラス領域にあると判断しており、「当面は1％を目途とする」こととしました。

⑭引き続き、「包括緩和」を強化

以下の金融政策決定会合で「包括緩和」を強化しました。

●2012年2月14日

　資産買入等の基金を55兆円程度から65兆円程度に10兆円程度増額。増額分の買入れは長期国債が対象。

●2012年4月27日

　資産買入等の基金について以下の決定を行いました。

（1）資産買入等の基金を65兆円程度から70兆円程度に5兆円程度増額。その内訳は以下のとおり。

・長期国債の買入れを10兆円程度増額する。

・ＥＴＦの買入れを0.2兆円程度、Ｊ－ＲＥＩＴの買入れを0.01兆円程度、それぞれ増額する。

・期間6カ月の新型オペについては、応札額が未達となるケースが発生している状況を勘案し、5兆円程度減額する。

（2）買入対象とする長期国債の残存期間については、多額の買入れを円滑に進め、長めの金利へ効果的に働きかける観点から、従来の「1年以上2年以下」を「1年以上3年以下」に延長する。社債についても同様に延長する。

●2012年9月19日

　資産買入等の基金について以下の決定を行いました。

（1）資産買入等の基金70兆円程度から80兆円程度に10兆円程度増額。増額分の買入れの対象は短期国債（5兆円程度）および長期国債（5兆円程度）とする。

（2）長期国債の買入れをより確実に行うため、入札下限金利（現在、年0.1％）を撤廃する。社債の買入れについても同様とする。

●2012年10月30日

　資産買入等の基金などについて以下の決定を行いました。

（1）資産買入等の基金の増額

　資産買入等の基金80兆円程度から91兆円程度に11兆円程度増額する。増額分の買入対象資産ごとの内訳は以下のとおり。

長期国債：5兆円程度
国庫短期証券：5兆円程度
ＣＰ等：0.1兆円程度
社債等：0.3兆円程度
ＥＴＦ：0.5兆円程度
Ｊ－ＲＥＩＴ：0.01兆円程度

（2）貸出増加を支援するための資金供給の枠組みの創設

　金融機関の一段と積極的な行動と企業や家計の前向きな資金需要の増加を促す観点から、金融機関の貸出増加額について、希望に応じてその全額を低利・長期で資金供給する。資金供給の総額の上限は設定せず、無制限とする。

●2012年12月20日

　資産買入等の基金などについて以下の決定を行いました。

（1）資産買入等の基金の増額

　資産買入等の基金91兆円程度から101兆円程度に10兆円程度増額する。増額分の買入対象資産は、短期国債を5兆円程度、長期国債を5兆円程度とする。

（2）「貸出増加を支援するための資金供給」の詳細決定

　実施期間を2014年3月末までの15カ月とすることなどを決定した。

⑮「物価安定の目標」の導入

　金融緩和を続ける日銀は、2013年1月22日の金融政策決定会

合で、消費者物価の前年比上昇率2%とする「物価安定の目標」と、資産買入等の基金について「期限を定めない資産買入れ方式」の導入を決定しました。

また同日、政府と日銀は、デフレ脱却と持続的な経済成長の実現のための政府・日本銀行の政策連携について共同声明を発表しました。共同声明では「日銀の物価安定の目標を2%」とし、「この目標の下、金融緩和を推進し、できるだけ早期に実現することを目指す」ことが明記されました。

⑯「量的・質的金融緩和」の導入

黒田日銀総裁が就任後、初めての金融政策決定会合（2013年4月4日）で、総裁自ら**「異次元緩和」**と呼ぶ**「量的・質的金融緩和」**の導入を決定しました。「物価安定の目標を、2年程度の期間を念頭に置いて、できるだけ早期に実現する」のが目的です。

主な内容は、①金融市場調節の操作目標を、無担保コール翌日物金利から「マネタリーベース」の"量"に変更し、年間約60〜70兆円に相当するペースで増加させるように金融調節を行う。②長期国債買入れの拡大と年限の長期化、ＥＴＦ（上場投資信託）とＪ−ＲＥＩＴ（上場不動産投資信託）の買入れの拡大（"質"への対応）――などです。

マネタリーベースとは、日銀が世の中に直接的に供給するお金のこと。具体的には、市中に出回っているお金である流通現金（日本銀行券発行高＋貨幣流通高）と日銀当座預金の合計額です。

⑰「量的・質的金融緩和」の拡大

これまで着実に進んできたデフレマインドの転換が遅延するリス

クがあるとして、日銀は2014年10月31日の金融政策決定会合で「量的・質的金融緩和」の拡大を決定しました。主な内容は、①マネタリーベースの年間増加額の拡大（約60〜70兆円→80兆円）、②長期国債の年間買入額の拡大（約50兆円→約80兆円）、③ＥＴＦおよびＪ－ＲＥＩＴの年間買入額の拡大（それぞれ約1兆円→約3兆円、約300億円→約900億円）――などです。

⑱「マイナス金利付き量的・質的金融緩和」の導入

消費者物価の前年比上昇率2％の物価安定目標をできるだけ早期に実現するため、日銀は2016年1月29日の金融政策決定会合で日本初の「**マイナス金利政策**」（正式には「マイナス金利付き量的・質的金融緩和」→P132）の導入を決定しました。日銀は「今後、必要な場合、さらに金利を引き下げる」としています。

⑲「長短金利操作付き量的・質的金融緩和」の導入

日銀は2016年9月21日の金融政策決定会合で、金融緩和強化のための新しい枠組みとして「**長短金利操作付き量的・質的金融緩和**」（→P134）の導入を決定しました。主な内容は、①長短金利操作（「イールドカーブ・コントロール」）、②「オーバーシュート型コミットメント」――などです。安定的に物価安定目標2％を超える（オーバーシュートする）まで、マネタリーベースの拡大方針の継続を公約する（コミットメントする）日銀の強い姿勢を示しています。

▶ 異次元緩和の出口戦略はどうなる？

金融政策の流れを見てきましたが、日銀はこれまでに異次元緩和

の目標（物価上昇率2％）の達成時期を6回も先送りしています（2017年12月現在）。このまま緩和を続けても、意味がないのではないか、という声も出始めています。

　日銀の国債買入残高はすでに430兆円を上回り、国債発行残高全体の4割を超えています。2010年から買い入れを始めたＥＴＦも、2017年10月には保有残高が20兆円を突破し、株式市場全体の3％に達しています。

　そこで懸念されているのが、異次元緩和の「**出口戦略**」です。日銀は金融政策の正常化に向けて、いずれ買入額の縮小を進めていく「テーパリング」への対応を迫られます。

　国債の買い入れについては、年間80兆円ペースをめどとしていますが、現在は年間60兆円前後以下まで縮小しています。しかし、買入額をさらに縮小していくと、日銀が金融引き締めに動いていると受け取られて、円高・株安の材料になりかねません。

　ＥＴＦについては、2016年からそれまでの2倍の年間6兆円を購入資金に充てることを決定しました。ＴＯＰＩＸが大きく下落する局面では日銀のＥＴＦ買いによる買い支えの動きも見られます。これが縮小に向かうと、これまで日銀の買い入れによって吊り上げられた部分が抜け落ち、株価が下がる可能性もあります。

　では、異次元緩和が「出口」を迎えたとき、金利がどのくらい上昇し、株価はどのくらい下落するのでしょうか。

　それは、誰にも予想がつかないというのが正直なところです。というのも、現在の日銀のように、これほど大規模に国債や株を購入した中央銀行は過去に例がないからです。

No. 02
政府の国債発行が金利を動かす

税収の倍以上の歳出がある日本の財政を支える国債発行。国債の種類と販売方法はどうなっているのか。

▶大幅に足りない税収を国債発行で穴埋めしている

75ページで、国債の動向が金利を動かすことを説明しました。

日本はずっと、歳出が歳入（税収・税外収入）を上回る「**財政赤字**」が続いています。歳入不足を埋めるために、政府は国債を発行して、市場や個人からお金を借りなければなりません。

毎年12月、翌年度の国の予算案が閣議決定されます。国債の発行額は、そのときに決められます（もちろん、国会で予算が可決成立しないと国債は発行できません）。

その際、「国債発行計画」が発表されます。

国債発行計画とは、①国債発行予定額、②発行年限別の国債（10年物や5年物など）の発行額・発行回数、③民間金融機関が購入する額（「**市中消化額**」という）などを決めた計画のことです。

新たに発行される国債を「**新規国債（新規財源債）**」といいます。2016年度の新規国債発行額は、3次補正後で39兆346億円になりました。2017年度の新規国債発行額は補正後で35兆5546億円。2018年度予算案では33兆6922億円まで減っています。

新規国債には「建設国債」と「特例国債」の2つがあります。
①建設国債
橋や道路などをつくる公共事業の費用をまかなうために発行される国債です。
②特例国債（赤字国債）
その他の歳出に充てる税収の不足を補うために発行される国債です。

ただし、新規国債のほかにも以下のような国債があります。
③借換債
既存の国債の借り換え（満期を迎えた国債の償還資金確保のために、新たに債券を発行すること）のために発行される国債です。
④財投債
財政投融資特別会計が必要とする資金を調達するために発行される国債です。財政投融資特別会計とは、国家予算のうち、通常の「一般会計」とは別で管理されている、「特別会計」の1つ。国の施策による事業を政策金融機関や地方公共団体などが行う際に融資などをする、財政投融資のための会計です。
⑤復興債
東日本大震災の復旧・復興財源を調達するために発行される国債です。

上記の①〜⑤を合計すると、2017年度の国債発行総額は補正後で156兆1250億円にもなります。その理由は、毎年償還を迎える大量の国債のために、借換債を約108兆円も発行したからです。ただし、借換債は償還（満期）が来た国債を新規国債と交換して、

国の借金の期限を延長しているだけなので、国債残高は増えません。

　国債の大量発行は、需給バランスの悪化から国債の価格が下落し、長期金利が上昇する要因となります。すると、次のように景気に悪影響を及ぼす可能性があります。

> 国債の大量発行→国債価格の下落（利回りの上昇）→貸出金利・住宅ローン金利の上昇→不景気なのに金利上昇

▶ 新規国債のほとんどは「市中消化」で買われている

　新規国債の販売（「**国債の消化**」という）方法は、大きく分けて「**市中消化**」「**日銀乗換**」「**個人向け販売**」の3つです。

　まず、**市中消化**は、証券会社や銀行などに入札方式で販売します。2017年度の国債発行計画では、発行額の約96％が市中消化です。

　入札制度の1つに、「**国債市場特別参加者制度（プライマリー・ディーラー制度）**」があります。この制度ができたのは2004年10月です。

　それ以前は、金融機関など大口投資家が「国債引受シンジケート団」という組織をつくって、各自の新規国債の引き受け割合を決めて、新規国債の売れ残りを防ぐ方法をとっていました。

　しかし、国債発行額がどんどん増えてくると、特定の買い手だけの固定的な割り振りで新規国債を引き受けるこの方法は、市場の拡大にそぐわなくなってきたので廃止されました。

　国債市場特別参加者制度では、財務大臣が、入札参加を希望する大手証券会社や大口投資家を、「**国債市場特別参加者**」に指定します。

　ただし、特別参加者は、すべての国債の入札において、①発行予定額の5％以上を応札、②一定割合以上を落札する、という2つの

義務があります。

その義務の見返りに、「国債市場特別参加者会合への参加資格」など、特別な資格が与えられます。国債市場特別参加者会合に参加すると、国債発行計画に対して意見を述べることができるなど、国債発行に関する一定のメリットがあります。

入札結果は、財務省ホームページに掲載され、応札額や落札利回りなどの情報が公開されています。

平均落札価格と最低落札価格の差を「**テール**」といいます。テールが小さければ小さいほど、入札は好調な結果だったといえます。

テールは市場の関心事となっています。なぜなら、**新発10年物国債の入札結果は、長期金利全体にも影響を及ぼす**からです。

もし、最低落札価格が市場の事前予想よりも大幅に低い（最高落札利回りは大幅に高い）ような低調な入札結果になると、市場で債券を売る動きが活発になって長期金利が上昇し、貸出金利・住宅ローン金利の上昇にもつながる可能性があります。

▶日銀は国債満期到来額の範囲内しか買えない

日銀乗換とは、日銀が新規国債を例外的に引き受けることです。

日銀が「国債買い切りオペ」（→P127）を通じて、市場から買い入れた国債が満期を迎えたとします。このとき、日銀政策委員会の議決後、「**満期到来額**」の範囲内で、新規国債を引き受けます。ですから、日銀がもつ国債残高自体は増えません。

日銀は、新規に発行される国庫短期証券（→P74）を、国から直接買い入れます。ただし、乗換以外は、日銀の国債引き受けは禁止されています（財政法5条）。なぜなら、国の財政赤字を中央銀行（日銀）が穴埋めすることになるからです。

仮にそうなると、財政規律(秩序のある財政政策)が守られなくなります。国債を引き受けるため、中央銀行は大量の通貨を発行し、「悪性インフレ」(悪い金利上昇→P237)を招くおそれがあります。

　戦前には、軍事費調達のために国債が大量発行され、日銀がその国債を引き受けていました。その結果、1945年の終戦後から1949年にかけて、物価(小売物価指数)が100倍になる、急激なインフレが起きてしまったのです。

　最後に、**個人向け販売**(金融機関の窓口での販売)は、銀行や証券会社の窓口で個人に国債を販売することです。「個人向け国債」と「新窓口販売」があります。

No. 03
巨額の取引で相場を動かす機関投資家

プロの債券ディーラーがしのぎを削る債券市場は、一時は売買高が1京円を超えたこともある国内最大の金融市場。

▶ 債券市場は日本最大の金融市場

　銀行、保険会社、系統金融機関（信用金庫・農協など）といった**「機関投資家」**は、長期金利に大きな影響を与える**「債券市場」**で、積極的に資金運用しています。

　金融機関の債券購入は、以下の2種類に大きく分かれます。
・債券購入後、長期保有する
・債券ディーラーが債券売買を繰り返して稼ぐ

　債券は銘柄数が多く、発行条件もマチマチで複雑なため、株式のように取引所に売買注文を集中させる取引にはなじみません。そこで、売買の当事者どうしが、直接取引する相対取引（店頭取引）が中心です。売買高の99％は相対取引といわれています。

　債券相場（長期金利）の1日の水準は、株式・為替相場と違って、NHKの夜7時のニュースで報道されません。一般の人にはあまり馴染みがない市場かもしれません。

　しかし、実は、2014年度、2015年度の年間売買高は1京円を

超えています（買い戻し・売り戻し条件つきの現先取引を含む）。1京は1000兆円の10倍。**日本最大の金融市場**なのです。

2016年度は売買高が9284兆円と1京円をわりこみましたが、それでも同年度の日本の国家予算100兆2220億円（一般会計、第3次補正後）の90倍以上にもなります。いかに多額の売買が行われているかがわかりますね。

これには、以下のような背景があります。
・国債発行残高が巨額になっている（国債発行残高→P74）。
・債券レポ市場・債券現先市場が拡大している（オープン市場→P63）。

・国内の主要な機関投資家が、「相対的にリスクが小さく、安定した金利収入を確保できる債券」を資金運用の中心に据えている。

▶海外の投機筋が仕掛ける売買で相場が大きく動く

ただし、債券市場を動かしているのは国内のプレーヤーだけではありません。

まず、海外の中央銀行が、外貨準備の運用目的で日本国債を購入しています。また、海外の「**投機筋**」(短期的に売買を繰り返して利益をねらう投資家)が、債券の先物取引において、まとまった金額で債券売り(価格を下げるために、大量の売り注文をあびせること)を仕掛けて、相場を大きく動かすことがあります。

近年は、ＣＴＡ(商品投資顧問業者)と呼ばれる海外のファンド(顧客から大量の資金を預かって運用する投資家)が、独自の運用プログラムが出す指令に沿って、大量の売買を行うことがしばしばみられ、相場を動かす要因となっています。

▶日本国債の先物取引のシェア１位は海外投資家

市場では、日本国債の保有者比率をみて、「海外投資家は10％程度にすぎない」という事実がよく指摘されます。しかし、これは現物(現物、先物→Ｐ99)の国債の話です。

海外投機筋の主戦場は、先物取引です。先物取引が債券相場全体を大きく動かすことはよくある話です。

それは、大阪取引所の債券先物の統計をみるとよくわかります。2016年の年間取引高では、海外投資家の取引が49.9％で１位です。２位の国内の証券会社(自己取引・委託取引計)は45.8％となっています。

No. 04
大きな影響力をもつ企業の資金需要と銀行の融資

企業の資金需要と銀行の貸出金利は表裏一体の関係にある。

▶日本企業の資金需要は低調が続く

　112ページで説明したように、好景気になると企業は設備投資や新規事業開発などにお金をかけようとするため、資金需要が増え、金利上昇につながります。

　逆に、不景気になると企業もお金を使わなくなるため、資金需要は減り、金利低下につながります。

　右の図は、近年の企業の資金過不足状況を示しています。

　通常は、家計部門は資金が余っていて、政府・企業部門は資金が足りない状態にあるものです。ところが、1998年度以降の企業部門は、資金が足りている状況になっているのです。

　日本経済は1990年代初頭まで、バブル経済の好景気の影響で企業の資金需要が大きく、資金不足の状態が続いていました。製造業は生産能力を増強したい、小売業は店舗網を広げたいので、お金を必要としたのです。

　しかし、1990年にバブル経済は崩壊し、その後の日本経済は悪化の一途をたどりました。1990年代後半〜2000年代前半、企業の資金需要は大幅に減り続けています。

出典:日本銀行

　その理由は、バブル経済崩壊で痛い目に遭った多くの企業が、過剰投資や過剰債務（借金）を見直し、借入金の返済を優先したり、設備投資を手元資金（自社が保有するお金）の範囲内に抑えるようになったからです。

　日本経済は、2002年ごろから景気回復の兆しがみえ始め、企業の資金需要も徐々に増えましたが、企業が資金不足になるほどではありませんでした。

　そして2008年後半以降、米国・欧州の金融危機が全世界に広がり、世界的な景気悪化が起こりました。企業の業績は日本でも急激に悪化。社債・CP市場の機能がマヒしたことから、一時的に銀行からの借入れが急増しました。

　2017年12月現在、日本経済は回復が不十分で、米国をはじめとする海外諸国の経済がどうなるかも不透明です。企業は設備投資

や事業拡大にはなお慎重な部分を残しています。

▶企業の資金需要と銀行の貸出金利は表裏一体

　上の図は、前述の企業の資金需要と、銀行の貸出金利の基準となる短期プライムレートを比べたグラフです。大まかにいえば、両者は、以下のように逆相関関係にあることがわかります。

> ・企業の資金不足（資金需要の増加）＝銀行の貸出金利上昇
> ・企業の資金余剰（資金需要の減少）＝銀行の貸出金利低下

　このように、企業の資金需要と銀行の貸出金利は、基本的には表裏一体の関係にあります。
　また、企業の資金需要の増減は、銀行の資金需要の増減につなが

り、それが短期金融市場に影響を与えて、日銀の利上げ・利下げへと結びつきます。よって、以下のような流れになります。

> ・企業の資金需要増加→銀行の資金需要増加→短期金融市場で金利上昇圧力→日銀の利上げ→銀行の資金調達コスト上昇→銀行の貸出金利上昇
>
> ・企業の資金需要減少→銀行の資金需要減少→短期金融市場で金利低下圧力→日銀の利下げ→銀行の資金調達コスト低下→銀行の貸出金利低下

▶銀行の健全性も金利に影響を与える

銀行の財務が健全かどうかも、銀行自身の資金調達コストを左右するので、貸出・預金の金利を左右する要因となります。

たとえば、1990年代後半、日本の銀行がロンドンやニューヨークなどの海外市場で、ドルなどの外貨資金を調達する際、現地（欧州や米国）の銀行どうしの取引レートではお金を借りられず、大きな上乗せ金利を払う事態が発生しました。この上乗せ金利を「**ジャパンプレミアム**」といいます。

当時、日本の銀行は不良債権（回収が難しい貸付金）を大量に抱えていたため、信用力が下がっていました。そのため、現地の銀行よりも高い金利でしかお金を貸してもらえなかったのです。

このとき、銀行の外貨調達コストが上昇して銀行経営を圧迫し、同時に、日本企業への貸出金利の上昇要因ともなりました。

このように、銀行の財務の健全性は、個別の金利水準にも影響してくるのです。

No. 05 個人の資産運用の動向がとても重要

1800兆円の金融資産を抱える個人の運用先が変わることで、長い目でみれば長期金利に影響を及ぼす。

▶ 個人は銀行にとって重要な資金供給者

　183ページの図をみると、企業、政府、家計（個人）の中で、「家計」が一番、お金が余っていることがわかります。

　私たち個人は、預金したり、年金や生命保険の保険料を払ったりすることで、金融市場に資金を供給しています。とくに個人の預金は、銀行にとって最も重要な資金調達先です。

　個人の金融資産の額は、日銀の集計によると、約1845兆円にも上ります（2017年12月末現在）（188ページの図）。ここでいう金融資産とは、現金・預金、株式、債券、投資信託などのことで、不動産などの実物資産（モノとしての財産）は含まれていません。

　約1845兆円の内訳は、現金・預金が約51.1%と最も多くなっています。米国は2017年3月末時点で13.4%ですから、約3.8倍にもなります。逆に、株式や債券、投資信託の比率は米国（46.8%）の3分の1程度（16.3%）で、かなり小さいのが特徴です。

　その理由は、**日本人が金融商品を選ぶときに、収益性よりも安全性を重視する傾向が強い**からです。

高利回りが期待できますが、元本（→P24）割れする可能性もある金融商品のことを「**リスク資産**」といいます。株式や投資信託、外貨預金などはリスク資産です。米国と比べると、日本人はこれまで、リスク資産に投資することに躊躇してきたわけです。

ただ、超低金利が長く続いているため、より有利な運用先を求める人も徐々に出てきています。たとえば、個人向け社債（→P48）の販売が増えたのは、その証拠といえます。

2008年後半に起きた世界的な金融危機で、日本や世界の株価は大きく下落しました。株式や投資信託の人気も落ちました。

しかしその後、個人投資家がリスク資産へ投資する動きが再び出てきています。たとえば、中国やブラジル、インド、ロシアなどの新興経済諸国（エマージング諸国という）を対象とする投資信託の販売が増えた時期もありました。

▶ 金融資産の行き先が金利に影響を及ぼす

個人の金融資産の動向は、金利に大きな影響を与えます。

たとえば、景気の悪化局面では、預金よりも固定金利の債券で運用したほうが有利です。そこで、多くの人はお金を預金から債券にシフトさせます。

すると、債券が買われて価格は上昇し、利回りは低下します。この傾向が強くなると、世の中の長期金利も下がっていきます。

景気悪化→個人の債券投資増加→債券価格上昇・利回り低下→長期金利低下

また、景気回復の傾向が強まれば、多くの人が債券よりも高い運用利益が期待できる株式や株式投資信託へお金をシフトさせる動きが出てきます。

　すると、債券は売られて価格は下落し、利回りは上昇します。この傾向が強くなると、世の中の長期金利も上がっていきます。

景気回復→個人の債券投資離れ→債券価格下落・利回り上昇→長期金利上昇

　ところで、個人のお金の動きで将来のリスクシナリオとして注目したいのは、個人のお金が日本から逃げる「キャピタルフライト（資本逃避）」の可能性です（→P242）。国債残高が増加しても日銀が大量に買い入れているため、国内での国債消化の危機は当面、まず起こりそうにない状況です。しかし、そうした強引な政策の結果、日本国債や円という通貨そのものの信認が低下してしまうと、悪い意味で円安が大幅に進むリスクが膨らみます。

Part 6

世界の中央銀行と政策金利をみてみよう

No. 01
米国のFRBは世界経済に大きな影響を及ぼす

米国の金融政策を動かすFRB。そのトップのFRB議長が主宰する会議で決まる金融政策の内容を、世界中が常に注目している。

▶ 中枢のFRBと12の地区連銀で構成される

　米国の中央銀行は「FRB（Federal Reserve Board）」といい、「連邦準備（制度）理事会」と訳されます。ただし、実は、FRBと呼んでいるのは日本人だけ。米国人などが英語で話す場合は通常、「**フェッド（Fed）**」と呼びます。

　FRBの設立は1913年。1882年設立の日本銀行（日銀）の31年後です。歴史が浅い理由は、米国が「連邦制」を採用しているからです。連邦制とは、強い権力をもつ地方政府を、中央政府が統一国家の代表としてまとめている分権型の国家体制です。

　連邦制では地域ごとに利害の対立などがあり、金融政策を1つにまとめてしまう中央銀行の設立に、長く反発が強かったのです。

　しかし、恐慌や不況を何度も経験し、「金融システムの安定化のためには、中央銀行の設立が不可欠だ」という認識が高まって、FRBが誕生しました。

　ちなみに、世界初の中央銀行は1668年設立のスウェーデンの国立銀行「リクスバンク」。日銀より200年以上も前です。

　先に述べたように、日本では米国の中央銀行をFRBと呼びます

米国の中央銀行のしくみ

中枢部分
FRB（連邦準備制度理事会）
↓ 統括

実務を担う

1 ボストン	2 ニューヨーク	3 フィラデルフィア	4 クリーブランド
5 リッチモンド	6 アトランタ	7 シカゴ	8 セントルイス
9 ミネアポリス	10 カンザスシティー	11 ダラス	12 サンフランシスコ

12の地区連邦準備銀行（地区連銀）

このシステムを「連邦準備制度（FRS）」という

が、より正確に理解するなら、米国の中央銀行は「**連邦準備制度（FRS＝Federal Reserve System）**」と覚えておくべきです。

FRSとは、中枢部分のFRBと、実際に中央銀行の実務を担う12の「**地区連邦準備銀行（地区連銀）**」でできています（上の図）。

12の地区連銀は、①ボストン、②ニューヨーク、③フィラデルフィア、④クリーブランド、⑤リッチモンド、⑥アトランタ、⑦シカゴ、⑧セントルイス、⑨ミネアポリス、⑩カンザスシティー、⑪ダラス、⑫サンフランシスコです。サンフランシスコ地区連銀は、距離は遠いですが、アラスカ州とハワイ州も管轄しています。

▶金融危機でFRBがとった政策

　FRBは定員7名の理事で構成されます。理事の中から、議長1人と副議長2人を選出します（2017年12月現在、理事は欠員3人で、うち副議長の欠員1人）。FRB議長は、経済学者出身で初の女性であるジャネット・イエレン氏から、2018年2月にジェローム・パウエル氏に交代しました。

　FRBの任務は、「**物価安定**」と「**最大雇用**」の2つを実現することです。「最大雇用」とは、FRBが金融政策によって無理なく（景気が過熱して物価上昇が加速するようなことのない範囲で）最大限、米国の雇用を増やさなければいけないということです。

　これに対して、ECB（→P198）など他の多くの中央銀行は、「物価安定」のみに責務を有するよう、法律で規定されています。

　FRBの権限のうち、主なものを2つ挙げます。

①**プライマリークレジット金利と準備預金付利金利の決定**

「**プライマリークレジット金利**」とは、健全性の高い金融機関に対する貸出金利で、米国版公定歩合です。2008年7月時点では6.25%でしたが、金融危機への対応で8月から段階的に、主要政策金利のフェデラルファンドレート（後述）に連動しつつ、0.5%まで大幅に引き下げられました。しかし2010年2月からは危機対応措置を解除して金融政策を正常化する流れになり、段階的に引き上げられて2.0%になりました（2017年12月現在）。

「**準備預金付利金利**」とは、民間銀行が地区連銀に置いている当座預金の残高に対して支払われる金利です。準備預金制度（→P129）で積み立てが義務付けられている分も、それを超える分（超過準備）も、ともに利息を付ける対象になっています。一時0.25

％まで大幅に引き下げられましたが、その後引き上げられて1.5％になりました（2017年12月現在）。

②銀行以外への緊急貸出

　連邦準備法第13条に基づき、証券会社や個人などに対して緊急で資金を貸し出します。上記の金融危機で、実際に発動されました。

　FRBは権限を最大限活用して、金融危機で悪化した景気と金融システムを回復させるために、さまざまな「非伝統的金融政策」（伝統的な金融政策手法である政策金利の上下動ではない政策）をとりました。なかでもとくにインパクトが大きかったのが、「**量的緩和**」（quantitative easing；国債や住宅ローン担保証券などを買い入れることにより金融市場に多額の資金を供給する政策）です。QEと略されることもあります。

このQEは、金融危機終息後も根強く残った経済・金融市場の悪化リスクをにらみながら3回にわたって実施され、FRBのバランスシートは4兆5000億ドル規模まで膨らみました。そして、その規模を維持するために「再投資政策」が行われ続けました。買い入れて保有する国債や住宅ローン担保証券などに満期が到来するなどして戻ってきた現金を、国債と住宅ローン担保証券に再投資することにより、保有残高の面から債券市場に影響を及ぼしつつ、FRBのバランスシート規模を維持しようとする政策です。

　2017年9月、金融政策の基本方針を決める連邦公開市場委員会（FOMC）（→P195）で、翌10月から段階的に再投資政策を縮小させていく、つまりFRBのバランスシートを縮小させていくことが決まりました。再投資する金額の減少ペースを緩やかにすることで、債券市場への影響を最小限にとどめようとしているわけです。

▶ 政策金利はフェデラルファンドレート

　米国の主要な政策金利は、「フェデラルファンドレート（FFレート）」と呼ばれる金利の翌日物の誘導水準です（誘導→P69）。金融危機への対応で0～0.25％まで引き下げられた後（日本のマスコミはこれを実質ゼロ金利と形容していました）、2015年12月から段階的に引き上げられており、FFレートの誘導水準は2017年12月現在、1.25～1.5％というレンジになっています（平常時の目標は2.0％といったピンポイントの金利水準です）。

　フェデラルファンドレートとは何でしょうか。

　米国のFRS加盟の民間銀行は、地区連銀に一定割合を預金することが義務づけられています（準備預金）。この預金が不足したり余ったりした場合、加盟銀行はお互いに資金を融通する取引をします。

フェデラルファンドレートのしくみ

```
                    地区連邦
                    準備銀行
                   準備預金
                 ＝フェデラルファンド（FF）

         預入 ↗                    ↖ 預入
              フェデラルファンド市場
                    資金取引
         FRS加盟銀行  金利発生   FRS加盟銀行
                      ＝
                フェデラルファンドレート
                    （FFレート）

         公開市場操作 ↑
                              メンバー
       実務  ← FFレートの  FOMC  ・FRB理事
              誘導目標を決定        ・地区連銀総裁
       ニューヨーク連銀
```

　この資金取引の市場を「**フェデラルファンド市場**」、ここで成立する金利を「**FFレート**」といいます。

　通常、FFレートは基本的には以下のような動きをします。

> ・米国景気悪化→資金需要減少→FFレート低下
> ・米国景気改善→資金需要増加→FFレート上昇

　FFレートの誘導水準を決定するなど、米国の金融政策の基本方針を話し合って決めるのが、「**連邦公開市場委員会（FOMC＝**

Federal Open Market Committee)」です。

FOMCとは、FRB理事と地区連銀総裁12名が参加する会議のことです。政策金利など具体的な金融政策を決めるほか、四半期ごとに経済・金利見通しの作成を行います。

そして、地区連銀の代表格であるニューヨーク連銀がフェデラルファンド市場で公開市場操作（資金の供給や吸収）を行い、FOMCで決められた目標水準にFFレートを誘導しています。

- FFレートが目標よりもかなり高い→市場に資金を供給→FFレートが目標に接近
- FFレートが目標よりもかなり低い→市場から資金を吸収→FFレートが目標に接近

FOMCの議長はFRB議長、副議長はニューヨーク地区連銀総裁が務めます。**FOMCで決まる米国の金融政策は、米国経済ひいては世界経済全体に大きな影響を及ぼし得る**ため、その動向は世界中の注目を常に集めています。

FOMCは会議終了後に、景気・物価状況の認識やリスクのバランス、当面の金融政策運営方針などを記した「声明文（ステートメント）」を発表します。政策変更がない場合でも、その内容の変化に何らかのヒントがないか、市場関係者は常にチェックします。

また、FOMCの簡潔な議事録（ミニッツ）は3週間後に、詳細な議事録（トランスクリプト）は5年後に公表されます。

▶ドルペッグ制の国はより大きな影響を受ける

米国の金融政策は、世界経済に大きな影響を及ぼします。その理

由は、①**米国が世界最大の経済規模を有する国**であり、②**モノとマネーの流れの中心**となっており、③**米ドルが世界の基軸通貨**となっているからです。

　ＦＲＢの金融政策をめぐるさまざまな思惑、実際の政策変更に基づいた米国の短期金利・長期金利・株価・ドル相場の変動は、世界中に波及していきます。そして、日本を含む世界中の経済に影響を及ぼします。このため、ＦＲＢはしばしば"世界の中央銀行"と呼ばれます。

「**ドルペッグ制**」を採用している国・地域（中国の特別行政区である香港や、サウジアラビアなど）は、ＦＲＢの金融政策の影響をより直接的に受けます。

　ドルペッグ制とは、ドルと自国通貨の為替レートを固定する制度で、弱い通貨でも安定した為替取引が行われるというメリットがあります。ただし、ドルペッグ制を採用する国・地域は、自国の金融政策を米国に合わせなくてはならず、政策金利はＦＲＢの政策金利に機械的に連動します。

　ですから、2008年後半以降の米国経済が住宅バブル崩壊で急激に悪化し、ＦＲＢがゼロ％近くまでＦＦレートを引き下げると、ドルペッグ制の国々の政策金利もこれに連動して、大幅に低下してしまいました。

　たとえば、香港の政策金利「ベースレート（基準金利）」は2017年12月現在、1.75％。香港の経済情勢にそぐわない超低金利で不動産投資が過熱し、非常に高い販売価格のマンションが登場して話題になるなど、不動産バブルが発生しています。それが米国のＦＲＢ追随の機械的な利上げで先行き崩壊するのではないかと、危惧する声が出ています。

No.02
ユーロ圏の金融政策を一元的に担うECB

ECBは欧州通貨統合に参加した国々の金融政策を一元的に担っているが、ギリシャの財政危機などにより、その弱点が露呈した。

▶ ECBは物価の安定を何よりも重視

　「欧州連合（EU）」の中で、条件を満たして欧州通貨統合に参加し、**統一通貨「ユーロ」**を自国の通貨にしている国々が形成しているのが、「**ユーロ圏（ユーロエリア）**」です。

　EUとは、二度の世界大戦のような悲惨な歴史を繰り返さないよう、政治的および経済的に欧州の統合を推進しようとしている国々の連合体です。

　ユーロ圏の金融政策を行う中央銀行は「**欧州中央銀行（ECB＝European Central Bank）**」で、設立は1998年。本部はドイツのフランクフルトにあります。

　ユーロは1999年に導入され、2002年に現金の流通がスタートしました。通貨統合参加国は金融政策をECBに委ねており、もともとあったそれらの国々の中央銀行はECBの理事会で決まった金融政策の実務面などを担当しています。

　ECBは、「タカ派」の色彩が濃かったドイツ連邦銀行（ブンデスバンク＝ドイツの中央銀行）の伝統を受け継いでおり、「**物価の安定」を最も優先する責務**としています。

タカ派とは、インフレ予防を重視して利上げに積極的な意見の持ち主のこと。その対極を「ハト派」といいます。ＥＣＢは**利上げには積極的、利下げには消極的な傾向がありました**。しかし、米国で住宅バブルが崩壊した後の危機局面で拙速に利上げに動いて失敗した経緯があるうえに、現在のドラギ総裁はイタリア出身、コンスタンシオ副総裁はポルトガル出身で、ともにハト派という布陣です。そうしたなかで、**伝統に忠実に沿ってタカ派であるドイツ人の専務理事やブンデスバンク総裁の発言力は、かなり小さくなっています**。

ユーロ圏の国々は、2017年12月現在、ドイツ、フランス、イタリア、ベルギー、オランダ、ルクセンブルク、スペイン、ポルトガル、フィンランド、オーストリア、アイルランド、ギリシャ、スロベニア、マルタ、キプロス、スロバキア、エストニア、ラトビア、リトアニアの19カ国です（→P201）。

通貨統合への参加国は今後も段階的に増えていく可能性がありますが、参加するには財政状況などいくつかの条件を満たす必要があります。また、デンマークのようにＥＵのメンバーであっても国民投票で通貨統合参加が否決されてしまい、独自の通貨（クローネ）をそのまま使用している国もあります。

▶「南」が2人になってバランスが崩れたトップ人事

ＥＣＢの金融政策は、ＥＣＢ本部に在勤している役員会のメンバー6人（総裁1人、副総裁1人、専務理事4人）と、通貨統合参加19カ国の中央銀行総裁の合計25人が出席する「**理事会**」で決定されます。参加国が徐々に増えて、リトアニアの加入で18カ国を超えたため、2015年1月からローテーションで投票権を持たない国がある仕組みに切り替えられました。

金融政策が決められるＥＣＢ理事会は、世界の潮流に沿って以前よりも回数が減らされて、現在は年8回の開催です。理事会終了後に総裁による記者会見が行われるほか、議事要旨（アカウンツ）が公表されます。

　2010年2月、同年5月末が任期末のパパデモスＥＣＢ副総裁（ギリシャ出身）の後任に、ポルトガル中央銀行のコンスタンシオ総裁が選出されました。

　ＥＣＢのトップ人事は、南北のバランスをとりながら決められるといわれてきました。たとえば、副総裁が欧州の「南」の国から選出された場合、「次期総裁は欧州の北の国から」という具合です。しかし、2011年10月末で任期が切れたトリシェ総裁（フランス）の後任には、「北」の大国であるドイツ連邦銀行の総裁ではなく、「南」のイタリアからドラギ氏が選ばれて、そうした慣行は崩れました。米国の住宅バブル崩壊が証券化商品を経由して欧州の金融機関に大きな痛手を与えて金融システムが不安定化したことや、ギリシャの財政危機の長期化など、危機的状況への対処には、タカ派は適任ではなかったということでしょう。ドイツは2019年に任期が切れるドラギ総裁の後任を狙っているもようです。

▶ 金利変動を一定の範囲内に収める

　ＥＣＢの政策金利の柱は「**レポレート（レポ金利）**」です。レポレートとは、債券現先取引（→P64）のかたちでＥＣＢが民間金融機関に対して資金供給を行う際の基準となる金利のことです。ＥＣＢは理事会でレポレートを決定し、公開市場操作を行って市場金利を誘導します。レポレートは、2017年12月現在、0.0％です。

　またＥＣＢは、金融機関が資金をＥＣＢに預け入れる・ＥＣＢか

ユーロ導入19カ国

6 世界の中央銀行と政策金利をみてみよう

ら借り入れる際の金利を以下のように設定することで、**短期金融市場の翌日物レート（金利）の変動を一定の範囲（「コリドー」と呼ばれます）の中に収めています**。

- 中銀預金レート＝マイナス0.40％　→　翌日物レートの下限
- 限界貸出レート＝（プラス）0.25％　→　翌日物レートの上限

　翌日物金利は現在、マイナス圏で推移しており、政策金利としてはレポレートよりも、下限を規定する中銀預金レートの方が実務上、はるかに重要になっています。今後、ＥＣＢが利上げに動く際には、このレートのマイナス幅がどのようなペースで縮小するかが焦点になります。

　ＥＣＢは、ギリシャのユーロ圏からの離脱観測が強まったり、ユーロ自体の存続が危ぶまれたりするほどの大変な危機に対処するため、金利を引き下げるという伝統的な金融政策が限界に達した後も、金融緩和を強化しました。そうした「非伝統的金融政策」としては、上記のように短期金利をマイナスにする「**マイナス金利政策**」のほかに、ユーロ圏各国の国債などを大量に買い入れて資金を潤沢に供給する「**量的緩和**」、将来の金融政策運営について一定の約束を言葉の形でする「**フォワードガイダンス**」などが実施されています。

▶ユーロ圏を1つの金融政策でまとめるのは難しい

　ユーロ圏は、以下のような問題点を抱えています。
- 圏内にはさまざまな経済構造・経済状況の国がある。
- 財政政策の運営は各国政府にゆだねられている。

　この2点から、各国の景気・物価の状況にはかなりのばらつきが

ユーロ圏の政策金利の推移

出典：ECB

出てくるのですが、中央銀行も政策金利も1つだけしかないわけです。

　すると、たとえば、ドイツにとってはあまりにも低すぎる金利水準でも、アイルランドやスペインといった国々では金利水準がちょうどよいというようなケースが起こり得ます。

　2000年代後半、好景気にわくアイルランドは、本来であれば過熱感を抑えるために利上げをするべきでした。

　しかし、現実の政策金利はECBに握られていて、大国のドイツやフランスの不景気を反映した低い水準のままでした。低金利の結果、アイルランドでは不動産投資ブームが起きて住宅バブルが膨らみ、やがて崩壊して、経済が急激に落ち込んでしまいました。

逆に現在では、ドイツの景気が絶好調で、住宅バブルの発生が危惧されており、ドイツ政府は金融引き締めを望んでいます。しかし、フランスやイタリアなどの景気回復が出遅れていることを勘案すると、ＥＣＢはなかなか利上げには動けないのが実情です。

問題点はそれだけではありません。2010年前半には**ギリシャで財政危機が発生**しました。これはまさに、欧州通貨統合の根本にある矛盾をさらけ出した出来事といえます。

先に述べたように、金融政策はＥＣＢが画一的にコントロールしていますが、財政政策は基本的に通貨統合参加各国の主権にゆだねられています。各国の義務は、「財政赤字を名目ＧＤＰ比で3％以内に抑える」ことなどですが、違反しても制裁措置は発動されていません。

つまり、欧州通貨統合では基本的に、**「財政政策の運営はその国を信頼して任せる」という「性善説」をとっています。**

しかし、2009年10月の政権交代前のギリシャの政権は巨額の財政赤字を隠し、ニセの数字をＥＵに報告していました。そして、ギリシャのごまかしが発覚すると、ユーロ圏の「性善説」は崩れてしまったのです。

国としての信用を失ったギリシャ国債の価値は急落し、市場での国債発行という資金調達手段を失ったギリシャの財政は危機的な状態になり、ユーロ圏とＩＭＦによる多額の資金支援が必要になりました。

現在ではそうした危機的な状況は解消されましたが、ユーロ圏の構造的な問題点が解消したわけではないことに注意が必要です。ドイツやフランスが主導して、改善を図るためのさまざまな試みが今後行われていくとみられます。

No. 03

英国のBOEは「ブレグジット」で難しい舵取り

ユーロを導入せず独自の金融政策を行ってきた英国は、国民投票の結果、EUを離脱することに。インフレ目標を採用している英国のBOEの舵取りは難しくなっている。

▶2%のインフレ目標を掲げて金融政策を運営

英国はEU加盟国ですが、通貨ユーロ（→P198）を導入せず、自国通貨ポンドでやってきました。そして、2016年6月の国民投票で、僅差で**EUからの離脱（ブレグジット）** が決定。英国の強みである金融センターとしての機能低下は避けられず、離脱後の関税の高低など経済状況も今後の交渉次第で不透明とあって、企業の設備投資や家計の消費支出には勢いがつきにくくなっています。その一方で、ブレグジットを材料に通貨ポンドが下落したため、輸入品の値上がりを主因に消費者物価の上昇が加速して目標の2％を大きく超えてしまい、このことによる賃金の目減りで個人消費に悪影響が出ています。

英国の中央銀行は「**イングランド銀行（ＢＯＥ＝Bank of England）**」で、設立は1694年です。ただし、ＢＯＥは戦後長い間、財務省の付属機関であり、独立した金融政策運営を行っていませんでした。

しかし、1997年に金融の大改革が実施され、金融政策の決定権は財務省からＢＯＥに移管されて独立した機関となりました。

BOEは1992年10月以降、「インフレ・ターゲティング」を採用しており、政府が定めるインフレ率の目標（現在は2％）の達成をめざして金融政策を運営しています。実際のインフレ率が目標から1％を超えてかい離した場合には、BOE総裁は財務相あてに公開書簡を出して、かい離が生じた理由などを説明する義務があります。

英国の主要政策金利は「バンクレート」で、2017年12月現在0.5％です。「ブレグジット」が決まった後、景気悪化を警戒して2016年8月に0.25％利下げしましたが、2017年11月に利上げしてその分を撤回しました。バンクレートとは、中央銀行が一般の銀行に貸し出す際の金利のことです。

2008年後半の世界的な金融危機に直面した英国は、日本のバブル崩壊後の不況やデフレなどを教訓として、市場から国債などの債券を購入して資金供給量を増やす「**量的緩和**」（資産購入プログラム）を導入しました。その規模は断続的に引き上げられており、2017

年12月現在4350億ポンド。この規模が維持されるように、市場からの国債買い入れが行われています。

　こうした英国の金融政策を決めるのは、「**MPC（金融政策委員会）**」です。委員会のメンバーは、BOE総裁1人、副総裁2人、BOE理事2人、外部委員4人の計9人で構成されています（外部委員は財務省が任命）。現在の総裁はカーニー氏で、カナダの中央銀行で総裁として実績を挙げたため招へいされた人物です。

　MPCは年に8回開催され、単純多数決で政策が決まります。BOE総裁も含めて平等に1人1票なので、総裁が投票した議案が否決されたことも過去にあります。

　MPCが終了すると（通常は木曜日）、結果に関する声明文と同時に、そのMPCの議事要旨（ミニッツ）が公表されます。このスピード感には驚くべきものがあります。また、四半期ごとに「インフレーション・レポート」も公表されています。

No.04 永世中立国スイスの金融政策を担うSNB

SNBの政策金利は、スイスフラン高による景気悪化・物価下落を警戒して、マイナスに沈んでいる。

▶ 政策金利は四半期に一度公表される

　欧州の真ん中に位置するスイスは、「永世中立国」です。政治だけではなく、経済的にも中立を保っているので、欧州連合（EU）にもユーロにも参加していません。ユーロに参加していない英国と同様、独自の金融政策を行っています。

　スイスの中央銀行は、「**スイス国立銀行（SNB＝Swiss National Bank）**」で、設立は1907年です。

　SNBの金融政策もECBと同様、「物価安定」を重視しています。物価安定の定義は「2％未満のインフレ率」。消費者物価指数（前年比）が、2％未満で推移することを目標にしています。

　主要政策金利は、自国通貨である**スイスフラン建てLIBOR（ロンドン銀行間取引金利）3カ月物**の誘導水準です。レンジ（範囲）で設定されています。

　誘導水準は四半期に1度の政策会合で決定され、その後公表される「金融政策評価」で明らかになります。現在は誘導レンジを▲1.25〜▲0.25％としており、このレンジ内で▲0.75％前後の水準を目指しています（2017年12月現在）。

スイスの政策金利の推移

出典：スイス国立銀行

　スイスの政策金利は、お隣のユーロ圏などに比べて低く設定されているのが特徴です。その理由は、「スイスフラン高・ユーロ安」が大幅に進行するのを防ぐためです。ＳＮＢはひと頃、デフレの深刻化をくい止めるため、スイスフランの対ユーロ相場に上限を設定し、外国為替市場で「スイスフラン売り・ユーロ買い」の為替介入を行っていました。

　スイスフラン高は、景気・物価へ悪影響を及ぼします。スイス経済は、ＥＵ向けを中心に海外に製品を輸出して稼ぐ「輸出依存型」だからです。スイスフラン高になると、国内企業の収益が減り、景気が低迷するおそれがあります。また、スイスフラン高で輸入品の価格が下がると、国内製品の競争力が落ち、値下げが値下げを呼んでデフレが深刻化するおそれがあります。

　なお、スイスの政策金利が依拠しているＬＩＢＯＲは2021年末までに廃止されることになっています。このためＳＮＢは、ＬＩＢＯＲに代わる指標金利の採用を検討中です。

No.05 カナダの金利を動かすBOC

国の信用度が高いカナダは、北米自由貿易協定などを通じて隣国の米国経済と密接な関係。BOCの金融政策運営は米国・カナダドルの対米ドル相場を意識している。

▶政策金利は米国との金利差が関係してくる

カナダは政治的に安定していて、財政や金融システムの状況も良く、カナダ経済の長期的な成長見通しも良好です。

格付け機関のＳ＆Ｐ（→Ｐ152）によるソブリン（国債）格付けで、カナダは「ＡＡＡ」の最高評価をもらっています。

カナダの中央銀行は、「**カナダ銀行（ＢＯＣ＝Bank of Canada）**」で、1935年に設立されました。金融政策は「物価安定」を重視しています。ＢＯＣの目標は、消費者物価指数（前年比）を、「中心値を2％とする1〜3％のレンジ」内に収めることです。

ＢＯＣの大きな特徴は、**隣国である米国との金利差を意識した金融政策が行われる傾向がある**ことです。その理由は、米国はカナダにとって最大の輸出国で、総輸出額の約4分の3が米国向けであり、カナダ経済は米国経済から大きな影響を受けているからです。

また、カナダはオイルサンドを中心に原油を産出し、輸出している資源国であり、その通貨であるカナダドルは原油価格との連動性が高くなっています。

カナダの主要政策金利は、「**翌日物金利**」（短期金融市場における

当日借り入れ・翌日返済の金利）の誘導水準です。

　米国で住宅バブルが崩壊してグローバルな金融危機が発生した後、翌日物金利誘導水準は2009年4月に0.25%まで引き下げられました。その後、状況の安定度合いをにらみつつ2010年6月から段階的に引き上げられて1.0%になりましたが、2015年になると原油価格の急落が資源国カナダを直撃。カナダ銀行は2度の利下げを余儀なくされ、誘導水準は0.5%に下がりました。2017年には今度は2度の利上げがあり、1.0%まで戻しています（2017年12月現在）。

No.06 オーストラリアのRBAとニュージーランドのRBNZ

オセアニアの2カ国の中央銀行の政策金利は、日米欧と比べれば高い水準となっている。

▶ 強みと弱みがあるオーストラリア

　オーストラリアの中央銀行は、「**オーストラリア準備銀行（RBA＝Reserve Bank of Australia）**」です。1911年に前身が設立され、1959年に中央銀行になりました。

　RBAの金融政策は現在、消費者物価指数（前年比）を平均的に2〜3%に抑えることを目標としています。

　オーストラリアの主要政策金利は「**キャッシュレート**」です。キャッシュレートとは、中央銀行が一般の銀行向けにお金を貸し出す際の金利です。

　政策金利は「**理事会**」（1月を除く毎月1回）で決定され、2017年12月現在1.50%となっています。

　RBAは2009年10月以降、2010年11月まで7回の利上げを行いました。金融危機からあまり時間がたっていないにもかかわらず、欧米諸国に先駆けていち早く利上げに動いたのです。

　そうすることができた理由は、以下の2つです。

①移民受け入れと出生率の高さ（自然増）で人口が着実に増加しており、国内需要が強い

②中国などアジア向けを中心に鉄鉱石や石炭など資源の輸出が拡大

　①の関連で言うと、オーストラリアは1991年以降26年にわたり、景気後退（2四半期連続のマイナス成長）が起こっていません。資源価格が急落して輸出や設備投資が悪化しても、国内需要が人口面から底堅く推移して、経済を支えてきたわけです。

　②は、資源価格が上昇する際はオーストラリアの強みになりますが、近年のように下落すると弱みに転じます。ＲＢＡは2011年11月から2016年8月まで12回も利下げしており、景気・物価のテコ入れを図っています。

▶ かつては高金利国の代表だったニュージーランド

　ニュージーランドは、輸出の4割以上を酪農製品、食肉、木材などが占めています。最大の貿易相手国は、かつてはオーストラリアでしたが、現在では中国で、輸出入ともに2割程度を占めています。

　ニュージーランドの中央銀行は、「**ニュージーランド準備銀行（ＲＢＮＺ＝Reserve Bank of New Zealand）**」で、設立は1934年です。

　ＲＢＮＺの金融政策は、消費者物価指数が平均的に年率＋1～3％になることを目標にした「インフレ・ターゲティング」を採用しています。主要政策金利は「**オフィシャルキャッシュレート**」で、中央銀行が一般の銀行向けにお金を貸し出す際の金利です。

　ＲＢＮＺは6週間ごとに年8回、政策金利を見直しています。2017年12月現在の政策金利は1.75％です。2007年7月から2008年7月には、政策金利が8.25％という非常に高い水準だったことがありました。その当時は高金利通貨のニュージーランドド

オーストラリアの政策金利の推移

出典：オーストラリア準備銀行

ニュージーランドの政策金利の推移

出典：ニュージーランド準備銀行

ルへ投資しようと、日本からお金が大量に流入しました。しかし、米国発の世界同時不況・金融危機を経て、この国の政策金利は上記のように、1%台という平凡な水準になっています。

No.07 BRICsの金利を動かす4つの中央銀行

新興経済圏の大国であるブラジル、ロシア、インド、中国の4カ国の政策金利は、先進国と比べれば高い水準にある。

▶ 物価の落ち着きで積極利下げのブラジル中央銀行

ここでは、新興経済圏の中でも経済規模が大きい「ブリックス（BRICS）」諸国5カ国のうち、南アフリカ共和国を除いた4カ国（BRICs）の中央銀行について説明します。

ブラジルの中央銀行は「**ブラジル中央銀行**」で、設立は1964年です。「COPOM」と略称される「金融政策委員会」を定期的に開催して政策金利を決めています。

主要政策金利は「**セリック（SELIC）**」で、国債を担保とする銀行間取引金利のことです。

2008年後半以降、世界的な金融危機と景気悪化がブラジルにも波及したため、2009年1月から利下げを開始。13.75％だった政策金利はこの年の後半には8.75％になりました。その後、2010年4月からは利上げに転換、2011年8月からは利下げと、めまぐるしい動き。直近では、ブラジルレアル相場上昇とインフレ率の落ち着きをにらみながら、景気をテコ入れする狙いで積極的に利下げを行っており、SELICは7.0％まで水準を切り下げています（2017年12月現在）。

▶段階的に利下げしているロシア連邦中央銀行

　ロシアの中央銀行は「**ロシア連邦中央銀行**」で、設立は1990年です。主要政策金利は、以前は「**リファイナンシング金利**」（中央銀行が民間銀行向けにお金を貸し出す際の金利）でしたが、2013年9月からは「**1週間物レポ入札最低金利**」です。

　ちなみに、1993年10月には通貨ルーブルが暴落してインフレ（物価上昇）が加速し、政策金利が210％にまで引き上げられたことがあります。

　ロシア連邦中央銀行は近年、この国の景気動向を大きく左右する原油・天然ガス価格、ルーブル相場などもにらみつつ、物価の落ち着き度合いに応じて段階的に利下げを実施しており、1週間物レポ入札最低金利は7.75％まで引き下げられました（2017年12月現在）。

出典：ロシア連邦中央銀行

▶ 英国型のMPC（金融政策委員会）を採用したインド準備銀行

インドの中央銀行は「**インド準備銀行（RBI＝Reserve Bank of India）**」で、設立は1935年です。

RBIによる金融政策の目標は、経済成長に留意しつつ物価の安定を維持することです。政策の決定は「金融政策委員会（MPC）」で行われます。メンバーは6人で、うち半分の3名は総裁・副総裁を含むRBI内からの参加です。MPCは年に最低4回開催される決まりになっています。

主要政策金利は「**レポレート（レポ金利）**」と「**リバースレポレート（リバースレポ金利）**」の2つ。レポレートとは、中央銀行が民間銀行に資金を供給する際の金利。リバースレポレートは逆に、

インドの政策金利の推移

出典：インド準備銀行

中央銀行が民間銀行から資金を吸収する際の金利です。

ブラジルやロシアと同様、インドでも中央銀行は、物価の落ち着きを確認しつつ、利下げによる景気テコ入れを図っています。2014年末に8.0％だったレポレートは、200ベーシスポイント（2％）引き下げられて6.0％になりました。リバースレポレートは5.75％です（2017年12月現在）。

▶ 共産党・政府から独立していない中国人民銀行

中国の中央銀行は「**中国人民銀行（ＰＢＯＣ＝People's Bank of China）**」で、設立は1948年です。中央銀行としての独立性は伴っておらず、中国共産党・中国政府（国務院）が決める方針に沿って金融政策を運営しています。

「**金融政策委員会**」が四半期ごとに開催されますが、日本や米国な

中国の政策金利の推移

出典：中国人民銀行

どのようにその場で政策金利が決定されるのではなく、金融政策運営について意見を交わすだけの諮問機関です。

中国人民銀行は、貸出金利と預金金利を期間別に公表しています。その中で、主要政策金利とみなされているのは「**1年物貸出金利**」で、2017年12月現在、4.35%になっています。

中国人民銀行は、貸出および預金の基準金利の引き上げ・引き下げ、預金準備率操作、短期金融市場における公開市場操作などを行っています。また、人民銀行は外国為替市場でも存在感が大きく、人民銀行が毎朝提示する基準値の上下2%という許容範囲内で、人民元の対ドル相場が動いています。

なお、2002年12月から人民銀行の行長（総裁）を務めている周小川氏は、2018年春の全国人民代表大会（全人代）で交代するとみられており、後任が注目されています。

Part 7

金利動向を読み解く考え方とテクニック

No.01

プロは金利動向をどのように予測している?

短期金利は日本銀行の金融政策、長期金利は名目GDPの伸び率が大きく関係してくる。

▶3つのステップで予測シナリオを構築する

　金利にかぎらず、経済やマーケット（金融市場）全般の動向を的確に予測していくためには、以下の3つのステップをとります。

①情報収集→②フィルタリング→③シナリオ構築

　この3つのステップを何度も繰り返し、自分が構築した「予測シナリオ」の精度を判断し、必要であれば修正していくという絶え間のない作業を、地道に根気よく続けるのです。
　①～③のステップは、以下のように行います。

①情報収集

　当然ですが、できるかぎり手広く行うのがベストです。まず、内外の新聞各紙、ロイター・ブルームバーグなどの海外メディアのニュース、国内外の官公庁発表資料があります。さらに、SNSを含め、インターネット上には膨大な情報があります。
　しかし、ただやみくもに情報を集めるだけでは量が多すぎて整理

しきれず、収拾不能に陥ってしまいかねません。

また、誤った情報や信頼性の低い情報、誤解を招く情報などが混在するリスクも高くなるので、次のステップであるフィルタリング（スクリーニング）が必要です。

② フィルタリング

重要度に応じて情報を取捨選択・分類することです。ふるいにかけるような作業なので、スクリーニングとも言います。情報の重要度は、そのときどきの経済やマーケットの状況などにより変わってくるので、経験の蓄積がモノをいう作業です。

③ シナリオ構築

選択した情報のブロックを組み合わせて、「予測シナリオ」とい

う1つの形をつくります。この際、頭を整理するために、債券などの金利市場については「景気」「物価」「金融政策」「財政政策」「需給」の5つの要素（切り口）を常に頭においていると、都合がよいです。需給とは、債券市場では国債などの需給、短期金融市場では資金の需給のことです。

▶ 名目GDPをみれば長期金利の動向を読める

では、金利予測でとくに重要なポイントについて説明しましょう。

なお、後述しますが、日銀の異次元緩和が長期化する中で、日本の債券市場は、ここで説明するような一般的な金利の決まり方が通用しない、市場としての健全な機能を相当失った状態になっています。

①**短期金利**

日本銀行の金融政策でほとんど決まってきます。このため、短期金融市場は「日銀の庭先」と呼ばれることもあります。

②**長期金利**

一般的に、以下の3つの要因で決まってきます。

・**期待実質成長率**（将来にわたり予想される実質ＧＤＰの成長率）
・**期待インフレ率**（将来にわたり予想される消費者物価の騰落率）
・**リスクプレミアム**（債券価格変動リスク、財政政策関連リスクなど、さまざまなリスクに応じて上乗せされる金利部分）

長期金利が決まる3つの要因をどう考えるか説明しましょう。

まず、経済学的には「期待実質成長率＋期待インフレ率＝期待名目成長率」となります。期待名目成長率とは、物価の騰落を含んだ、将来にわたり予想される経済成長率のことです。

名目GDP成長率の推移

出典：内閣府

　このことから、3番目の「リスクプレミアム」はとりあえず置いておいて長期金利の動向を読むなら、「名目GDP」（物価動向を含んだ国内総生産）の今後を考えればよいことになります。

　上の図は、日本の名目GDPの伸び率（前年度比）の推移です。1996年度に前年度比プラス2.4％を記録したあと、プラス2％を大きく下回る水準でしばらく低迷し続けました。1998年度から2011年度までの14年のうち、半分の7年はマイナス成長です。しかしその後、世界経済が危機を脱して上向いたという好環境にも

恵まれた「アベノミクス」の下で、プラス2～3％台の成長が2013年度から2015年度まで3年続きました（ただし、そのうち2014年度は消費税率引き上げによる物価上昇という特殊要因でかさ上げされた数字です）。もっとも、2016年度には息切れして、プラス1％台に伸びを落としています。

政府は強気の見通しを出していますが、日本の名目ＧＤＰの伸び率が今後10年間の平均でプラス2％を超えるようなことは考えにくいといえるでしょう。

116ページで、長期金利の代表格である「10年物国債利回り」がなかなか**「2％の壁」**を超えられなかったという、過去の事実を述べました。その最大の理由は名目ＧＤＰの伸び率が持続的に2％を超えなかったからだと考えられるのです。

では、長期金利が持続的に2％を上回るためには、何が必要でしょうか。

それは、日本経済がデフレから脱却し、名目ＧＤＰの伸び率が長期にわたりプラス2％を上回り続けるような見通しが立つことです。

しかし、長期的に見た場合に日本経済を着実に押し下げる要因である「人口減・少子高齢化」への政府の対応策が不十分なままであることからすれば、今後もそうした見通しは立ちにくいといえるでしょう。

ここまでは、リスクプレミアムを考慮せずに、日本の金利上昇の可能性について考えてみました。

しかし、日本は、慢性的な**「財政赤字」**の結果としての**「政府債務残高の累増」**という、大幅なリスクプレミアムに将来つながり得る要因を抱えています。現時点ではそうしたことが起きるタイミン

グは全く見えていませんが、仮に日銀の異次元緩和が「出口」を迎えて債券市場が正常化する場合には、日本の財政事情の悪さを材料にしてリスクプレミアムが急拡大し、長期金利が大幅に上昇する可能性が潜在しています（→P238）。

　また、「はじめに」でも述べた通り、2013年4月に日銀が「**量的・質的金融緩和**」（いわゆる異次元緩和）を開始し、2016年2月にマイナス金利を導入、同年9月には金融緩和の枠組みを切り替えて「**長短金利操作付き量的・質的金融緩和**」としたうえで「**イールドカーブ・コントロール**」を導入するなかで、債券などの円金利市場では、上記で説明したような一般的な金利形成のロジックがまったく通用しない場面が、非常に多くなっています。
　それは、**債券市場に本来備わっているべき健全な価格形成（価格発見）の機能が、ほぼ失われてしまっている**からです。
　市場が考える景気・物価の先行きの姿を「イールドカーブ（利回り曲線）」の形状の変化を通じて示すことや、財政規律が緩んだ場合に超長期債などでリスクプレミアムが拡大して利回りが上昇して政府に警告を発する機能（いわゆる「自警団」機能）はなくなってしまっているのが現状です。

　いまの債券市場の現場では、この後で説明する重要な経済指標（→P230）が売買の材料になることは、実はほとんどありません。実際に材料になっているのは、前日の米独の長期金利や為替相場の動向に加えて、財務省が行う国債入札の結果の良し悪し、そして日銀が頻繁に実施する長期国債買い入れで示される年限ごとの債券需給の良し悪しにとどまっているのが実情です。

No.02 日銀の金融政策の方向性を読む判断資料は？

金融政策決定会合の結果、経済の現状・先行きを日銀がどうみているかがわかる展望レポート、日銀総裁の記者会見などが重要な手掛かりになる。

▶ 金融政策決定会合の結果と年4回の経済見通しに注目

　ここでは、日本銀行（日銀）の金融政策の方向性をどのように知るかについて説明します。

　金融政策決定の場は、日銀政策委員会が年に8回開催する「**金融政策決定会合**」です。そして、会合終了後ただちに、会合の結果が書かれた文書「**当面の金融政策運営について**」が公表されます。

　まず、速報性の高い公表文に注目します。そこには以下の4点が記されています。

①**長短金利操作の目標水準と資産買入れ方針**（次回の金融政策決定会合まで）
②**景気・物価・金融情勢の現状認識と先行きの見通し**
③②の見通しに対する**リスク要因**
④①〜③を踏まえた**金融政策の運営方針**

　さらに、会合終了後、原則として午後3時半から1時間程度、日銀総裁が記者会見を行います。

さらに詳しい情報は、一定の時間を待たなくてはなりません。会合で出された「主な意見」は会合終了から1～2週間以内、議事要旨はその次の会合終了から1週間以内、政策委員の個別発言などを記した詳細な議事録は10年後に公表されます。

　よりまとまった日銀の経済認識や今後の見通しは、1・4・7・10月に公表される**「経済・物価情勢の展望（展望レポート）」**でわかります。
　展望レポートには、経済（景気）や物価の現状認識と今後の見通し、以下2つの経済指標の向こう数年度にわたる政策委員の予想数値などが書かれています。
①**実質GDP**
②**消費者物価指数（CPIコア）**
　消費者（全国の世帯）が購入する財（商品）およびサービスの価格変動を指数化したもので、金融政策を見ていく際には最も重要な物価指数です。コアというのは、日本の場合、物価全体のトレンドに関係なく冷夏・長雨といった天候要因で価格が変動してしまう野菜などの生鮮食品は除かれている中核部分という意味です。

　他にも、さまざまなレポートや論文、統計が公表されています。
　また、総裁・副総裁・審議委員が行う講演や記者会見の内容もチェック対象です。
　以上の情報は、日銀ホームページにすべて掲載されています。
　金融政策の方向性を読むためには、日銀が発するさまざまな情報を入手・分析することがきわめて大事なのです。

No. 03 金利動向を読むために注目する日本の経済指標

鉱工業生産、日銀短観、実質GDP1次速報、機械受注、消費者物価指数が本来は重要。ただし、現在の債券市場は異例の状況で、参考にならないことも。

▶5つの経済指標が経済と金利の動向を判断する柱

金利動向を読む判断材料の大きな柱は、景気や物価の動きを示す「**経済統計**」です。ここでは5つの主要指標を説明します。

①**鉱工業生産**（経済産業省が毎月発表）

「鉱工業」（製造業が中心）の生産・出荷・在庫の状況を指数化した指標です。ここから「**在庫循環**」の動きをつかみます。在庫循環とは、企業の在庫が増えたり減ったりする波のことです。

景気循環（→P112）は、在庫循環と連動しています。

・景気が良いとき

企業の出荷が増える→在庫が減る→企業は生産を増やす→残業手当が増える→消費が増え、出荷がもっと増える→生産をもっと増やし、在庫の積み増しに動く→設備投資も増える

・景気が悪いとき

企業の出荷が減る→在庫が増える→企業は生産を減らす→残業手当が減る→消費が減り、出荷が減る→生産を減らし、在庫の削減に動く→設備投資も減る

金利動向を読み解く5つの経済指標

❶ 鉱工業生産（毎月発表）
製造業の生産活動の状況がわかる

❷ 日銀短観（四半期ごとに発表）
企業が抱いている景況感がわかる

❸ 実質GDP1次速報（四半期ごとに発表）
日本経済全体の状況がわかる

❹ 機械受注（毎月発表）
企業の設備投資状況がわかる

❺ 消費者物価指数（毎月発表）
小売段階のモノ・サービスの価格動向がわかる

つまり、鉱工業生産の状況から次のことがわかります。

・前月比プラス→景気上向き・金利上昇の要因
・前月比マイナス→景気下向き・金利低下の要因

　鉱工業生産（速報）発表と同時に、**「製造工業生産予測指数」**も発表されます。製造工業生産予測指数とは、発表対象月の翌月・翌々月の生産動向の予測（計画）数字です。速報性の高さから注目されています。

② **日銀短観**（全国企業短期経済観測調査。日銀が四半期ごとに発表）
　日銀が企業を対象に直接、大規模なアンケートを実施して、景気の現状および先行きの認識や、売り上げ・収益・設備投資計画の数

値などを調査したものです。長い間、日銀の金融政策運営への影響が大きい指標とされてきましたが、現在の日銀は「物価至上主義」なので、市場およびマスコミの注目度は近年、かなり下がりました。

　数多くの調査項目がありますが、とくに注目されるのは、企業マインド（企業が抱く景況感）を示す**業況判断ＤＩ（ディフュージョン・インデックス）**です。景気が「良い」とした回答の比率（％）から、「悪い」とした回答の比率（％）を差し引いて算出されています。そこから、以下のことがわかります。

> ・ＤＩがプラスで幅が拡大→景気上向き・金利上昇の要因
> ・ＤＩがマイナスで幅が拡大→景気下向き・金利低下の要因

③**実質ＧＤＰ１次速報**（ＱＥ、内閣府が四半期ごとに発表）
　実質ＧＤＰ（国内総生産）の最も早い公表数値です。日本経済全体の状況をつかむことができる指標で、以下のことがわかります。

> ・前期比プラス→景気上向き・金利上昇の要因
> ・前期比マイナス→景気下向き・金利低下の要因

　ただし、該当する四半期終了の約１カ月半後に発表されるので、やや遅めに出てくる指標です。情報に対する反応が早い金融市場では、材料視（相場を動かす要因とみなすこと）されることは、さほど多くはありません。また、発表後の数値改定幅が大きいことがあり、しばしば問題視されます。

④**機械受注**（内閣府が毎月発表）

設備投資を実行する企業が機械メーカーに発注する段階の、受注額を集計した数値です。船舶・電力を除く民需ベースの数字は、実際の企業の設備投資よりも３〜６カ月先行する指標とされており、注目されます。機械受注の状況から、以下のことがわかります。

・前月比プラス→景気上向き・金利上昇の要因
・前月比マイナス→景気下向き・金利低下の要因

　ただし、特定の業種・企業が大口の投資案件を発注した場合、その月の金額・前月比がイレギュラーに大きくなることがあります。そして、その翌月には反動が出て前月比マイナス幅が大きくなったりします。そのため、この統計は１カ月のみの数字にはあまりこだわらないようにするのが普通です。

⑤**消費者物価指数**（ＣＰＩ、総務省が毎月発表）
　消費者が購入する財（商品）およびサービスの価格変動を指数化したもので、物価動向を知るための最も重要な指標です。数多くのカテゴリーがありますが、「総合」「生鮮食品を除く総合（ＣＰＩコア）」「生鮮食品及びエネルギーを除く総合」「食料（酒類を除く）及びエネルギーを除く総合」の４つが、現在では代表格です。
　こうした消費者物価指数の動きから、以下のことがわかります。

・前年同月比プラス→物価上昇・金利上昇の要因
・前年同月比マイナス→物価下落・金利低下の要因

　市場もマスコミも通常、ＣＰＩコアの数字に注目します。ただし、

ＣＰＩコアは、エネルギーを含んでいます。たとえば原油価格の急激な値上がりで、一時的にガソリン・灯油や電気代などが高騰した場合、ＣＰＩコアの上昇率も相当高くなってしまうという難点があります。そこで私は、物価の基本的な動きを知るために、エネルギーも除かれているカテゴリーのＣＰＩを重視しています。

　最後に、私たちが日常感じる「**生活感覚**」も、実は重要です。
　なぜなら、消費者物価指数が示す物価状況は、特売が含まれないなど、完全ではないからです。日々の生活の中で、たとえば「スーパーで特売が増えている」「食料品や衣料品の値下がりが続いている」と感じたら、個人消費が不振でデフレ（物価下落）が進んでいる兆候かもしれません。そしてそうした場合、市場金利は低下する可能性があるといえます。

No. 04

日本の金利が欧米よりも低いのはなぜ？

日本は、将来期待される経済成長率・物価上昇率が欧米よりも低い。この面から、長期金利の大幅な上昇は今後も見込めない。

▶ 米国と比べて日本の長期金利は低水準

　欧米各国の主要政策金利は、2008年後半に発生した世界的な金融危機を経て、日本と同じような超低水準になりました。

　その後、米国は利上げを何度も行っていますが、欧州各国の短期金利の水準は今もなお、日本の短期金利と大きくは変わらない、低い水準になっています。

　ところが、長期金利に目を転じると、かなりの差があります。たとえば10年物国債利回りは、日本では日銀のターゲットである「ゼロ％程度」であるのに対し、ドイツが0.4％台、フランスが0.7％台、英国が1.1％台、米国が2.4％台になっています（2017年12月現在）。

　その根本的な理由は、欧米と比べて、**将来にわたり予想される名目ＧＤＰ成長率が日本では低い**からだと考えられます。

　日本は過小需要・過剰供給を背景とするデフレ構造が根付いており、そこから脱却する見通しが立っていないので、長期金利の水準は（日銀が人為的に押し上げるよりも前から）どうしても低くなってしまうのです。

日本・米国の10年物国債利回りの推移

出典：日本相互証券、FRB

▶ 低金利は日本経済の実情を反映している

　年配の方から、「日銀は早く正常な金利水準に戻すべきだ」「ゼロ%に近い預貯金の金利は異常だ」という声を聞くことがあります。

　たしかに、年金やこれまで蓄えてきた預貯金で暮らしている人たちにとって、超低金利はつらい環境です。「もう少し金利が上がってほしい」と願うのはごく自然なことだと思います。

　しかし、日銀が、現実の経済の状況からかけ離れた高い金利水準を無理につくり出すと、経済に大きなダメージが及びます（為替相場で円高ドル安が急進行しやすいことも重要です）。

　1995年7月に日銀が短期金利の低め誘導を実施し、無担保コール翌日物金利を0%台に押し下げて以降、この指標金利は22年以上にわたって0%台以下になっています（現在はマイナス）。

　金利水準が異常なのではなく、ゼロ%台以下が22年以上も続くほど、日本経済の地力が弱くなっていると理解するべきなのです。

No. 05

「悪い金利上昇」が起こると経済はどうなる?

景気は低迷しているのに、財政事情の悪化で国債の大量売却が発生すると、大変危険。

▶ 景気拡大をともなうのが「良い金利上昇」

　金利上昇には、「**良い金利上昇**」と「**悪い金利上昇**」があります。

　114ページで、市場金利には、景気の行きすぎを防ぐ機能があると説明しました。たとえば、景気が良くなって企業や個人の資金需要が増えてくると、「良い金利上昇」が起こります。「良い金利上昇」は、**景気回復の流れを壊すことなく、景気の過熱を上手に抑えながら、金利が上昇していく**という働きをするのです。

　もし、「良い金利上昇」がまったく起こらなければ、経済はどうなるでしょうか。景気が十分に回復しているのに、中央銀行が政策金利を引き上げないケースのことです。

　好景気にそぐわない低金利は、過剰な設備投資・個人消費・投機熱を招きます。その結果、**景気は過熱してインフレが起きやすくなります**。

　1989年にピークを迎え、翌90年に崩壊した日本のバブル経済で、この状況が起きました。バブル発生・拡大の理由は、1986年頃から日本銀行が行っていた金融緩和による低金利が長期化したためだといわれています。たとえば、1987年2月の公定歩合(→P

82）は2.5％。当時としては異例の低金利でした。

その結果、日本経済はカネ余り現象が起きて、余ったお金が土地や株などに投資され、どんどん値上がりしてバブルとなったのです。以上のことから、自然な金利上昇には、景気が良くなっている必要があることがわかります。

▶ 景気以外の要因で上がるのが「悪い金利上昇」

一方で、景気が悪いのに、金利だけがどんどん上昇してしまう「悪い金利上昇」というケースもあります。

「悪い金利上昇」では、景気・物価動向以外の要因から長期金利が上昇します。たとえば、国の財政事情が大幅に悪化し、それにともなって国債を大量増発するのが典型的なケースです。

景気・物価の状況からは、金利が大きく上昇する要因は見当たりません。しかし、もし日本の財政事情がよりいっそう悪化し、国の借金（国債）を将来返済できない債務不履行（デフォルト）のおそれが出てきたら、国内外の投資家は、保有している日本国債をこぞって売るかもしれません。その場合には、以下のような流れになります。

国債の売却急増→国債価格の急落（＝国債利回りの急上昇）

もし、リスクプレミアムが急拡大してしまい、「財務省がより高い金利をつけて入札を行わないと誰も日本国債を買わない」というような事態になれば、金利上昇のペースはさらに加速しがちでしょう。

こうしたルートで長期金利が大幅に上昇すれば、株価も大幅に下落するでしょうし、日本経済への悪影響は大きくなります。

良い金利上昇と悪い金利上昇

良い：景気上昇 → 景気過熱 → 安定成長
（利上げによる金利上昇）

悪い：景気低迷 → 財政事情悪化・国債大量増発 → 景気に大打撃
（国債大量売却・金利上昇）

　最近では、2010年春に財政危機に陥ったギリシャで、典型的な「悪い金利上昇」が起こりました（ギリシャ危機→P96）。

　危機直前のギリシャは、経済が低迷し、財政赤字が名目GDPの13.6％（2009年）まで膨らんで、市場の信頼を失っていました。

　そして、格下げをきっかけにギリシャ国債の大量売却が起きて、ギリシャ国債10年物の利回りは、一時10％超まで急上昇しました。

　ギリシャの財政危機は、特殊なケースだとはいえません。GDPに対する政府債務（国債・地方債など）の比率（2016年）は、ギリシャの181％に対し、日本はなんと239％にも達しています。実は、**日本は先進国中、ワーストワンの借金大国**なのです。

　なお、このあと246ページでは、「悪い金利上昇」がまったく起きないほど機能が低下している日本の債券市場の現状について説明します。

No.06
日本経済の「トリプル安」が続く危険性はどのくらい?

株安・円安・債券安（長期金利上昇）が同時に起こる「トリプル安」が続く危険性は、今のところはまだ小さい。

▶ 株・円・債券すべてが売りを浴びて価値が下がる「トリプル安」

　日本ではすぐにも「**トリプル安**」が起こってそれが続くリスクがあるといった見方が、一部にあるようです。

　トリプル安とは、「**株価の下落**」「**為替相場が円安方向に動く**」「**日本国債など債券の相場下落（長期金利上昇）**」の3つが同時に起こることです。

　これは、株・円・債券すべてが売られて投資マネーが日本から大量流出する事態なので、とても悪い市場の動きです。景気と無関係に長期金利が上昇すると「悪い金利上昇」にもなります。一時的に「トリプル安」が発生すると、マスコミはこれを大きく報道します。

　しかし、それほど大騒ぎするものでもないと思います。なぜなら、株価と円相場の「ダブル安」は、一定期間続き得るのですが、債券も同時に売られ続ける「トリプル安」の可能性は、今のところは小さいからです。

　その理由は以下の2つです。

①国内の機関投資家が円建て資産を好む

債券市場では、日本国内の銀行や生命保険などの金融機関のプレゼンス（存在感）が大きく、彼らは、運用の原資（元手）となる資金を、預金や生命保険料といった「円のお金」で手に入れています。

　彼らは通常、円資金を安全に運用するためには、日本国債などの円建ての資産で運用するのが一番だと考えています。なぜなら、もし為替市場を経由して米国のドルなどの外貨建ての資産で運用した場合、円高（円の価値上昇・外貨の価値下落）によって、円換算の資産額が目減りするリスクがあるからです。なお、為替予約などをかけてそうしたリスクを回避しようとする場合にはコストがかかり、期待される収益は当然小さくなります。

　つまり、円資金を元手にして海外の国債や株式で運用する場合、基本的には、金融商品自体の価格が下がる「**価格下落リスク**」に加えて、「**為替リスク**」も抱え込まなければならないというわけです。

　以上のことから、国内の銀行や生命保険は、円建ての資産を中心に運用しています。そして、債券相場がある程度下落（長期金利がある程度上昇）すると、運用のうまみが増したと判断して、買い（押し目買い→一時的に価格が下がったところを狙って買う動き）に動く可能性が高いのです。

②国債の大半を国内の投資家（含む日銀）が保有

　日本国債の9割近くは、日銀を含む日本国内の市場参加者が保有しています。大規模な長期国債買い入れを継続している日銀の保有比率は、すでに4割を突破しました。外国人の保有シェアは非常に小さいのです。

　以前は先物・オプションで著名ヘッジファンドが日本国債の相場下落にベットしたポジションを作ったことがありましたが、後述す

る「ホームバイアス」が強いこともあり、うまくいきませんでした。近年は、そうした動きは目立たなくなっています。なお、米国債の場合は、約半分を海外の投資家が保有しています。

▶ 個人投資家の将来の行動が鍵を握る

　ただし、個人投資家が預金や生命保険を大量に解約して、手にしたお金を外国の債券や株式の購入、あるいは外貨預金に回す動きを強めると、話は変わってきます。

　こうした国外にお金が逃げていく動きを「**キャピタルフライト（資本逃避）**」といいます。

　キャピタルフライトが起きると、運用の原資になる資金を預金や生命保険料で集めていた金融機関は、運用資金が減り、債券（国債）を売却しなくてはなりません。

　では、日本人はどの程度、海外で資金を運用しようと考えているのでしょうか。

　日銀が四半期ごとに発表している資金循環統計（2017年9月末時点）をみると、家計の金融資産は約1845兆円です。

　これに対し、外貨預金と対外証券投資（外国の債券や株式の購入）の合計は約30兆円。外貨建て投資信託を入れても全体の約2％にとどまります。

　つまり、日本人は、「**ホームバイアス**」（**自国内で資金を運用しようとする傾向**）が非常に強いのです。しかし、「人口減・少子高齢化」を背景に、長期的に日本の国力が低下していくと、この傾向が将来どうなるかはわかりません。

　日本で「トリプル安」が続くか、という質問には、「持続しない。ただし将来もそうした状態が続くとは限らない」が答えになります。

No. 07

米国債の暴落説は信用できる？

ドル建ての米国債に代わって受け皿となり得る他の通貨建ての資産がない以上、暴落説は信用できない。

▶ あいまいな「暴落」の定義

　日本人が大好きで、経済学者の中にも唱える人がいるのが「**米国債暴落説**」、あるいは「**ドル暴落説**」です。

　信用度の高い資産である「米国債」が暴落したり、基軸通貨の「ドル」が暴落したりすれば、世界経済はおそらく大きな混乱に陥りますから、大胆な予想シナリオで、関心を集めやすいのでしょう。しかし、大胆なシナリオがそのまま実現すると安易に信じ込むのは賢明とはいえません。その見方が自分の考え方の基本線（軸足）とかけ離れたものであればあるほど、「健全な懐疑心」をもって、じっくり考えてみる必要があります。

　まず、**米国の財政は慢性的な赤字なので、米国債を大量に発行することで資金調達をしています**。そして、米国債の半分を買っているのは、海外の投資家です。もし米国債が売れ残ってしまったら、米国政府の資金調達に支障が出るだけではなく、米国の金利急騰・財政危機の要因にもなりかねません。したがって、市場は毎回、米国債の入札結果をみて一喜一憂しているのです。

▶米国債相場の下落はあっても一時的でしかない

　米国債・ドル暴落説の根拠としては、①米国の財政赤字急増によって米国に対する市場の信認（信頼感）が失われた、②2008年後半の金融危機によって住宅の巨大バブルが崩壊して米国経済が長期不況に陥った、といったことが一時言われていたようです。

　米国債・ドル暴落説は信用できるのでしょうか。

　私の答えは「NO」です。そもそもの問題として、「暴落」とはどのような状況を指すのかという定義が不明確です。

　何らかの悪い材料が出て、米国債が一時的に売り込まれる状況は、過去に何度も起きています。

　たとえば2009年6月前半、ロシアの中央銀行の高官発言などを材料に、「ロシアがユーロ建ての外貨準備を増やすため、保有しているドルを売る」という憶測が市場に流れました。世界的な「ドル離れ」が連想され、米国債が大量に売られました。これによって、米国債10年物利回りは、4.0％まで急上昇しました。

　しかし同年6月後半には、早くも米国債買い戻しの動きが強まって、6月末頃には利回りが3.5％を下回りました。

　このように、米国債の相場が一時的に大幅に下落しても、遅かれ早かれ投資家の押し目買い（→P241）が入って価格が急反発することがあります。

　一方的な相場下落は長く続かないのが普通であり、「暴落」というのは実は、非常にあいまいな表現なのです。

▶米国債に代わる金融資産は見当たらない

　それでも思考をもう一歩進めて、信認に深い傷を負った米国債の

相場が大幅に下落し、しかも反発してこない状況を想定してみましょう。

ここで大事なのは、**「その先」を考えること**です。つまり、米国債から流出したマネーの「行き場」はどこか、ということです。

基軸通貨のドル建てであり、信用度が高く、流動性（市場における取引の厚み）も大きい金融資産である米国債からマネーが大量に流出する場合、ドル以外の通貨建てのなんらかの金融資産が、中心的な「受け皿」になる必要があります。

しかし、2010年のギリシャの財政危機で浮き彫りになった「制度的欠陥」（→P204）などから考えて、ユーロは少なくともまだドルの受け皿となる通貨ではないでしょう。また、金融市場の厚みに欠ける日本の円も、十分な受け皿になる通貨ではありません。

つまり、ドルや米国債に代わる存在が世界に見当たらないので、「暴落説」は今のところ、信憑性が低いとみておくべきです。

No.08

憂慮すべき債券市場の機能低下

日銀が強引な金融緩和を実施している弊害で、日本の債券市場の機能は低下中。市場としてのインフラも劣化しつつある。

▶ 超低金利で短期金融市場の機能がまず低下

　私（上野）は1990年から金融機関でマーケットエコノミストを務めており、「チーフマーケットエコノミスト」という肩書を1994年に日本で初めて名乗った「元祖」だと自負しています。所属する部門の関係で直接関わったマーケットは、外国為替市場・短期金融市場・債券市場の3つ。これらのうち後ろの2つ、**円金利関連の市場で、機能の低下が著しくなっています**。

　短期金融市場では、0％台の超低金利時代が95年7月の低め誘導で始まった後、大量の超過準備が常態化して「じゃぶじゃぶ」状態になり、各金融機関が綿密な資金繰りを行う必要性が薄れる中で、市場としてのダイナミズムが失われていきました。

　この市場で金利が形成される際のベーシックな材料は、日銀の金融政策運営、特にイールドカーブの起点である翌日物金利の先行きです。しかし、デフレ構造が日本経済に根付いているため、安倍晋三首相の退陣による「アベノミクス」撤回というような政治情勢の大きな変化でもない限り、マイナス金利解除（＝利上げ）による無担保コール翌日物金利の上昇などは見込み難いといえます。当座預

債券市場の機能低下が進行中

```
日銀の大規模な長期国債買い入れ
　　　　　　＋
　イールドカーブ・コントロール
```
↓
```
金利が人為的に低水準におさえこまれる
```
↓
```
債券市場が本来備えている価格形成機能が失われているため、
金利動向を読み解くテクニックを持つ人も減っていく…？
```

金の3層構造（→P132）の下で細かい金利差を稼ごうとする裁定取引などによって、コール市場は一定の規模を何とか維持している状態です。

▶債券市場のインフラ劣化がじわじわ進行中

　より大きく問題視すべきは、債券市場の極度の機能低下です。債券先物（中心限月）の1日の値幅は多くの日で10銭前後という小さなもので、現物債では新発10年債の出合いが業者間取引で見られない日もあります。

　債券市場では、短期・中期ゾーンで日銀の金融政策運営が主要な材料になる一方、長期・超長期ゾーンではそれに加えて、今後予想される景気・物価動向、財政規律の強弱など多様なリスクファクターが織り込まれて相場水準が形成されます。

　そして日銀は、市場が織り込んでいる景気・物価の先行きをイー

ルドカーブの形状から貴重なシグナルとして読み取り、景気後退懸念が出ていないか、インフレ面の対応で政策運営が誤っている恐れはないかなどをチェックするのが通常です。

　また、政府は、債券市場が財政規律の緩みを警告する形で超長期ゾーンを中心にリスクプレミアムを拡大する場合には、そのことを真摯に受け止めて、財政規律を維持しようとする姿勢を何らかの形で示すのが通常です。

　そうした政府・日銀のありようとも密接に関わっている債券市場が備えているべき機能が、**日銀による大規模な長期国債買い入れの長期化と「イールドカーブ・コントロール」の下で、ほとんど失われてしまっています。**

　日銀と市場関係者の意見交換会などの場では、「このままでは債券市場の貴重なインフラが失われてしまう」という危機感を込めた声が市場の側からいくつも出ています。ですが、「アベノミクス」の一環で「物価安定の目標」2％の達成を金科玉条としている今の日銀には通じるはずもありません。

　日銀短観や鉱工業生産といった主要な経済指標の数字をチェックする債券ディーラーやトレーダーが著しく減少しており、驚くべきことに発表日を知らない人さえ見受けられるのが最近の状況です（市場でまったく判断材料にならないのだから、関心が薄れるのは当然ですが…）。機関投資家の方々への説明の場で「日本の国債はほとんど売買していません」と言われるケースも増えてきました。

　債券市場の機能低下は、今この瞬間にもじわじわと進んでおり、実に憂慮すべき事態です。仮に債券市場が正常化する日が来た場合、何を材料にしてどのように売り買いすればよいのかわからない人ばかりが現場にいる、ということにもなりかねません。

No.09 内外金利差が注目されてキャリー取引が行われる

各国間の金利には高低の差がある。そこに目をつけて、機関投資家は金利差益を得ている。

▶ 低金利通貨で調達し、高金利通貨で運用する

世界各国の金利には高低の差があります。世界のさまざまな投資家が、この金利差を利用した「キャリー取引（キャリートレード）」によって収益を得ようとすることがあります。

キャリー取引とは、低金利通貨で資金調達し、高金利通貨で資金運用をする手法です。

2008年前半までは、低金利の円やスイスフランが資金調達に使われていました。日本銀行が量的緩和（→P161）を行っていた2001～06年には、活発な「**円キャリー取引**」が行われていました。

しかし、2008年後半の世界的な金融危機で、全く予想外の急激な市場変動が起きたため、ヘッジファンドなどに巨額の損失が発生。リスクを避けようとする空気が支配的になったため、「円キャリー取引」は少なくなりました。

2008年12月、米国の中央銀行であるFRB（→P190）が危機対応で、政策金利であるFFレート翌日物誘導水準を0～0.25％に引き下げたので、米国の短期金利は0％台の超低水準になりました。この頃には、超低金利のドルで資金調達して高金利の新興国・

資源国などで資金運用する「**ドルキャリー取引**」を行う投資家もいたようです。

▶キャリー取引にひそむ大きなリスク

しかし、グローバル化を象徴するキャリー取引は、以下のような大きなリスクをともないます。

①為替相場の変動リスク

資金運用している通貨の相場が急落してしまうと、金利差では儲かっていても、為替相場で損が出てしまいます。

②調達通貨の利上げリスク

通常、資金調達は短期資金の借入れで行われます。もし、調達通貨国の中央銀行が利上げするという観測が強まると、短期金利が急上昇します。すると、調達通貨と運用通貨の金利差は、たちまち縮小してしまいます。

③貸し手が早期返済を要求するリスク

短期資金の貸し手が早期返済を要求してくると、ヘッジファンドなどの投資家は、資金繰りがつかなくなります。仕方なく、運用していた資産を利益・損失度外視で投げ売りして、借入れを返済します。

④キャリー取引解消の動きが活発化するリスク

③のキャリー取引を解消しようとする動きを、「ポジションの巻き戻し」といいます。巻き戻しがいっせいに起きると、今までキャリー取引の投資対象になっていた運用資産（高金利の国の債券や株式など）が売られて価格下落が激しくなります。すると、キャリー

取引を行っていた投資家は、多額の損失を出してしまうことがあります。

No.10 国内、海外の要人発言はこう読め!

要人発言を鵜呑みにするのは危険。発言者の特性を把握して、重要な発言部分を見極めることが必要。

▶ 発言者の立場に立って考えてみるクセをつける

　金利動向を読むときに最も重要な材料になるのが、「経済統計」(→P230) と「**要人発言**」です。

　要人発言とは、政府や中央銀行などの重要機関に所属する重要人物の発言（情報発信）のことです。要人発言を分析するためには、以下の2つのポイントを押さえておく必要があります。

①**発言した人（または組織）は、どのような立場の人（組織）か**
②**発言した人（または組織）にとって、発信した情報をどのように受け止めてもらえると最も都合が良いか**

　①と②は、発言者の立場に身を置いて（なりきって）考えてみるということです。すると、今までみえてこなかったものが、みえてくることが少なくありません。

　たとえば、国内外の政府当局者が、経済動向についてコメントしたとします。この場合、発言者が置かれている立場上、講演や記者会見での発言内容が「この国の経済は当分ダメだ」といった悲観論

を、話の最後（シメ）にもってくることは、まずありません。

「経済は厳しい状況が当面続くだろう」というような率直で悲観的な経済情勢分析に、話の大半が割かれたとしても、話の最後には、「いずれ景気は回復するはずだ」というような楽観的なシナリオが示されることになるのが普通です。

▶話の結論部分だけに注目すると判断を誤りやすい

要人発言は、過去の成功体験を述べることで国民を鼓舞することもよくあります。

たとえば2010年4月7日、バーナンキFRB議長（当時）が講演を行いました。バーナンキ議長は、企業が新たに人を雇う動き（雇用）と銀行貸出の双方が、「非常に弱い」と指摘した後、米国経済は「苦難を脱するにはほど遠い」と語りました。

しかし、講演の最後では、「米国が困難を克服できるかどうかについて、私は楽観的だ」「歴史が何度も示してきたように、米国経済には柔軟性や回復力が備わっている」と力強く語りました。

要するに、政府当局者が経済についてコメントする場合、程度の差こそあれ、話の結論部分では、プラス方向になるのです。

もし、マスコミが、楽観的な結論部分を中心に取り上げるバランス感覚を欠いた報道をしてしまった場合、情報の受け手は判断を誤りかねません。

これを避けるために、**マスコミ報道を鵜呑みにせず、要人発言がすべて記された元の資料をきちんとチェックする**ことが大事です。

1990年代の日本は、景気回復をねらった政府の大型経済対策が

何度も決定されました。この時期、「経済対策の効果で今度こそ景気は回復する」といった、太平洋戦争中の「大本営発表」のような政府・与党幹部の発言がよく聞かれました。大本営発表とは、負け続けていても常に大戦果があったとしていた太平洋戦争中の軍部の発表になぞらえて、根拠の乏しい希望的観測のような当局の発表内容であり、まったく信用できないという意味です。

　日本経済は、バブル崩壊の後遺症と不良債権問題（金融機関の貸し倒れ問題）が根深く、景気回復が長続きすることはありませんでした。

　結局、この時期に、日本の市場参加者は、「大本営発表」をまず疑ってかかることの大切さを学ぶことになりました。

▶「ポジショントーク」と「ヘッジをかける」

　マーケット（市場）には、「ポジショントーク」「ヘッジをかける」という言い回しがあります。

①**ポジショントーク**

「自分の立場や保有資産を少しでも有利な状況にしたい」という願望が込められた発言です。客観的ではなく主観的な色彩を帯びた発言内容になります。

　たとえば、株価が上昇すると手にする収益が増える立場にある人の口からは、強気の株価見通しが語られることが少なくありません。

②**ヘッジをかける**

　自分が示している見通しや予想が外れてしまうケースに備えて、ある種の「逃げ道」を発言の中に盛り込むことです。

「予想以上に～となる可能性は否定できない」「～になるリスクも

要人発言の特徴

政府要人の発言
- 楽観的な見通しを語る
- 結論部分ではプラス方向になる

ポジショントーク
- 自分の立場や保有資産を有利にする発言
- 客観的ではなく主観的な内容

ヘッジをかける
- 「逃げ道」を発言中に盛り込む
- 見通しや予想が外れるリスクを警戒する

ある」といった言い回しが典型例です。

閣僚の国会答弁や日銀総裁の記者会見などをみているとよくわかります。日本の政策当局者もヘッジをかけることを多用しています。

要人発言に接する際は、その「発信元」の特性を把握し、その発言内容の中で本当に重要なのはどの部分なのかをよく考えてみることが必要です。これは、金利動向を的確に予測するうえで、とても重要なテクニックです。

Part 8

投資の金利・利回りに強くなろう

No.01 はじめに単利計算の方法を覚えよう

資産運用には「利回り」の考え方が欠かせない。最初の基本は「単利計算」。

▶ 単利計算のやり方

「利回り」とは、元の金額がどのくらい増えたか、あるいは減ったかという割合を表す、とても重要な指標です。

たとえば、資産運用を考える際、利回りの考え方を知っていれば、自分にとって最も有利な運用方法を選択できます。また、お金を借りる際も、最も有利な借り方を選択できます。

Part 8以降は、利回りはいくらかを算出する「**利回り計算**」の方法について説明していきます。

利回り計算の基本は、元本だけに利息がつく「**単利計算**」です。「**単利**」とは、2年後、3年後……と運用期間が伸びていっても、元の金額のみに利息がついていくしくみのことです。単利の金融商品には、預入期間3年未満の定期預金、普通預金などがあります。

単利はとても簡単で、以下の公式で計算します。

$$元利（元本＋利息）合計額 = 元本 \times \left(1 + \frac{利率}{100} \times 運用年数\right)$$

それでは、金利が年2％、預入期間1年の定期預金に100万円を預けた場合、1年後にいくらになるか計算します（以下税金考慮せず）。

$$100万円 \times \left(1 + \frac{2(\%)}{100} \times 1(年)\right) = 102万円$$

2年後は以下のようになります。

$$100万円 \times \left(1 + \frac{2(\%)}{100} \times 2(年)\right) = 104万円$$

3年後は以下のようになります。

$$100万円 \times \left(1 + \frac{2(\%)}{100} \times 3(年)\right) = 106万円$$

▶期間が1年に満たない単利計算

預入期間が1年に満たない場合の単利計算は、運用年数＝該当月数／12という分数式にして計算します。

3カ月後は以下のようになります。

$$100万円 \times \left(1 + \frac{2(\%)}{100} \times \frac{3}{12}(年)\right) = 100万5000円$$

6カ月後は以下のようになります。

$$100万円 \times \left(1 + \frac{2(\%)}{100} \times \frac{6}{12}(年)\right) = 101万円$$

No.02
複利計算の方法を覚えよう

複利の金融商品は利息を元本にプラスして運用するので、単利よりも有利になる。1年あたりの複利回数が多いほど良い。

▶ 元本と一定の期間内に生じた利息の合計額に利息がつく

単利の次に覚える利回りは、「**複利**」です。複利とは、運用で得た利息を元本にプラスした「**元利合計額（元本＋利息）**」を新たな元本とみなして、利息がつくしくみです。

複利で利息がつく金融商品は、預入期間3年以上の定期預金、短期公社債（償還までの期間が短い債券）を中心に運用するMMF（マネー・マネージメント・ファンド）などがあります。

たとえば、100万円を年2%の定期預金に預けて複利運用すると、2年目から元本100万円に利息をプラスした合計額に対して、利息がつきます。

2年後からつく利息の額が増えるので、単利よりも複利の金融商品のほうが得です。元本と利息の両方に利息がつくので、「雪だるま式にお金が増えるしくみ」とよく表現されます。「**複利計算**」の公式は以下のとおりです。

$$元利合計額 = 元本 \times \left(1 + \frac{利率}{A \times 100}\right)^B$$

A＝1年あたりの複利回数　B＝運用期間中の全複利回数

　Aの1年あたりの複利回数とは、利息が元本に組み入れられるインターバルのことです。「1年複利」は1年ごとの組み入れ、「6カ月複利」は半年ごとの組み入れとなります。

　金利が年2％、6カ月複利、預入期間5年の定期預金に100万円を預けた場合、5年後にいくらになるかを計算してみます。

$$100万円 \times \left(1 + \frac{2(\%)}{2(回) \times 100}\right)^{10(回)} ≒ 110万4622円$$

　電卓で乗数を計算するには、「×」キーを2回押し、次に「＝」キーを「運用期間中の全複利回数－1回」押します。結果は「110万4622.1…」。利息計算では、小数点以下は切り捨てます。

▶6カ月複利よりも3カ月複利が得

　Aの1年あたりの複利回数が多いほど、利息が増えるペースは早くなります。先と同じ条件の定期預金で、6カ月複利と3カ月複利で運用した場合を比べてみます。

　6カ月複利は上記の110万4622円、3カ月複利は以下になります。

$$100万円 \times \left(1 + \frac{2(\%)}{4(回) \times 100}\right)^{20(回)} ≒ 110万4895円$$

　このように、同じ元本、金利、期間であっても、3カ月複利は6カ月複利よりも273円お得になります。

　定期預金などの金融商品選びの際は、提示されている金利だけではなく、複利回数のチェックも大事なのです。

No.03 課税繰り延べの金融商品は有利

満期まで課税が繰り延べされるケースと利息発生のたびに課税されるケースの利息を比べてみる。

▶ 金融商品の利息には20.315%の税金がかかる

　金融商品の利息には、源泉徴収（受け取る前に引かれること）で20.315%［源泉所得税15%、復興特別所得税0.315%（所得税15%×2.1%）、地方税5%］の税金がかかります。復興特別所得税は2037年12月31日まで。たとえば、金利が年2%、預入期間1年の定期預金に100万円を預けた場合、1年後の利息は2万円（100万円×2%）ですが、税金は以下のように計算します。

2万円×15.315%＝3063円
2万円×5%＝1000円
税引き後の利息合計金額＝1万5937円

　このように、金融商品には税金がかかりますが、課税方法には以下の2種類があります。
①**課税繰り延べがある**：満期まで課税が先送りされ、満期時にまとめて課税される。
②**課税繰り延べがない**：利息が発生するたびに課税される。

▶運用期間が長くなるほど差が広がる

得するのは、①の課税繰り延べがある金融商品です。

運用期間5年、金利6%、6カ月複利の金融商品に、100万円投資したケースで、「課税繰り延べ」のある・なしを比べてみましょう。

①**課税繰り延べのケース**（満期時に課税）

まず税引前の元利合計額を出します。

$$100万円 \times \left(1 + \frac{6(\%)}{2(回) \times 100}\right)^{10(回)} \fallingdotseq 134万3916円$$

利息（34万3916円）に以下の税金がかかります。

34万3916円×15.315% ≒ 5万2670円（端数切り捨て）
34万3916円×5% ≒ 1万7195円（端数切り捨て）
税引き後の元利合計金額 ≒ 127万4051円

②**繰り延べがないケース**（6カ月ごとに課税）

この場合、金利6%が税金を引かれて4.78%（6%×79.685%）になったと考えて、6カ月複利の公式で元利合計を計算します。

$$100万円 \times \left(1 + \frac{4.78(\%)}{2(回) \times 100}\right)^{10(回)} \fallingdotseq 126万6413円$$

満期時にまとめて課税する「課税繰り延べ」のほうが、7638円（127万4051円－126万6413円）多くなりました。運用期間が長くなるほど、課税繰り延べのある・なしの差は広がります。金利が同じなら、**課税繰り延べが受けられる金融商品のほうが有利**です。

No. 04 外貨預金の利回りは為替に注意する

外貨預金は金利収入にプラスして、預入時よりも円安になれば為替差益が手に入る。ただし、円高による為替差損は要注意。

▶ 外貨預金は円安による為替差益が重要

「**外貨預金**」は、ドルやユーロなどの外貨で預ける普通・定期預金です。外貨預金を扱っている銀行で、円を外貨に交換して預けます。

外貨預金の収益は、①**預金金利**、②**為替相場の変動で生じる「為替差益」**の2つです。

まず、コストを考慮しない外貨預金の利回りを説明します。外貨預金の満期受取額(円ベース)の公式は、

外貨預金の満期受取額(円ベース)=

$$外貨元本 \times \left(1 + \frac{利率(\%)}{100} \times \frac{日数}{365}\right) \times 為替相場(満期時の為替レート)$$

100万円(元本)を金利1%のドル定期預金(預入期間1年)に預けたとします。為替相場は、預入時が1ドル=90円、満期時は1ドル=93円とします。

まず100万円をドルに交換すると次のようになります。

外貨(ドル)元本=100万円÷1ドルあたり90円≒1万1111.11ドル

次に満期時の受取額（円ベース）は、

1万1111.11ドル×$\left(1+\dfrac{1}{100}\times\dfrac{365}{365}\right)$×1ドルあたり93円
≒104万3666円

投資額に対する収益の割合が、「外貨預金の利回り」です。

（104万3666円－100万円）÷100万円×100≒4.366％

ドル預金自体の金利は1％ですが、利回りは4％を超えました。理由は、**預入時よりも「円安」になって、「為替差益」（為替変動による利益）がプラスされたからです。**

このように、外貨預金はハイリターンがねらえますが、逆に**預入時よりも「円高」になると、「為替差損」（為替変動による損失）で、**利回りが下がったり、元本を割ってしまうリスクもあるので要注意です。

外貨預金のコストは、通貨を交換する際に銀行に支払う「為替手数料」と税金です。

税金は、利息に対して20.315％が外貨ベースでかかります。

また、為替差益には所得税がかかります。この所得税は雑所得扱いで、総合課税（所得合計額に決められた税率を掛ける課税方法）されます。

外貨預金は、提示される金利がいくら高くても、為替相場しだいでは損する可能性があります。ですから、**損失を避けることができる為替レート（外貨預金の損益分岐点）をあらかじめ確認しておく**ことが大事です。

No. 05
債券投資には3つの利回りがある

債券は購入・売却のタイミングの違いで、応募者利回り、最終利回り、所有期間利回りに分かれる。

▶「応募者利回り」は新発債を満期まで所有した利回り

「利付債」（利息がつく債券）の利回りは、「**応募者利回り**」「**最終利回り**」「**所有期間利回り**」の3つに分かれます。理由は、購入・売却のタイミングの違いで、計算方法が異なるからです。

説明の前に、債券の利回り計算に必要な用語を押さえておきます。

①**償還期限**

債券が償還される（満期になる）までの期間です。

②**額面**

債券に記載されている債券価格で、満期時に戻ってくる金額です。

③**表面利率**

額面金額に対する利息の割合です。利息は毎年受け取れます。

④**発行価格**

実際に「**新発債**」（新規で発行された債券）を買える価格です。たとえば、額面が100円でも、発行価格は98円となったりします。額面は定価、発行価格は販売価格だと思えば理解しやすいでしょう。

まず、応募者利回りとは、「新発債」を購入し、満期まで所有し

た場合の利回りです。公式は、

$$応募者利回り(\%) = \frac{利率 + \dfrac{(額面価格 - 発行価格)}{保有期間}}{発行価格} \times 100$$

償還期限5年、表面利率3%、発行価格＝98円（額面100円）の新発債を満期まで所有した場合、応募者利回りは、

$$\frac{3 + \dfrac{(100 - 98)}{5}}{98} \times 100 ≒ 3.469\%$$

表面利率（3%）よりも利回りが0.469%高いのは、発行価格が額面よりも安かったからです。発行価格と利回りの関係は、以下のようになります。

・発行価格が下がる→利回り上昇
・発行価格が上がる→利回り低下

▶「最終利回り」は既発債を満期まで所有した利回り

最終利回りとは、流通市場で「**既発債**」（発行済みの債券）を購入して、償還まで保有した場合の利回りです。

新発債と違って、既発債の購入価格は、相場の変動によって変わってきます。公式は、

$$最終利回り(\%) = \frac{利率 + \dfrac{(額面価格 - 購入価格)}{保有期間}}{購入価格} \times 100$$

表面利率3%、購入価格＝96円（額面100円）、保有期間4年の場合、最終利回りは、

$$\frac{3+\dfrac{(100-96)}{4}}{96} \times 100 \fallingdotseq 4.166\%$$

購入価格と利回りの関係は以下のようになります。

- 購入価格が下がる→利回り上昇
- 購入価格が上がる→利回り低下

▶「所有期間利回り」は既発債を満期前に売却した利回り

所有期間利回りとは、流通市場で既発債を購入し、償還前に売却した場合の利回りです。公式は、

$$\text{所有期間利回り}(\%) = \frac{\text{利率}+\dfrac{(\text{売却価格}-\text{購入価格})}{\text{保有期間}}}{\text{購入価格}} \times 100$$

表面利率3%、購入価格＝96円（額面100円）、売却価格＝98円（額面100円）、保有期間5年の場合、所有者期間利回りは、

$$\frac{3+\dfrac{(98-96)}{5}}{96} \times 100 \fallingdotseq 3.541\%$$

売却価格と利回りの関係は、以下のようになります。

- 売却価格が上がる→利回り上昇
- 売却価格が下がる→利回り低下

実際にはコストである税金が別途かかります。また、「経過利子」と呼ばれる日割の利子相当額が受払いされるケースもあります。

No.06

2つの収益から投資信託の利回りを求める

投資金額に対する、売却益＋分配金の比率で計算する。別途、税金、販売手数料、信託報酬などもかかる。

▶ 投資信託の収益性を測る総合利回り

「**投資信託**」は、不特定多数の個人からお金を集めて、運用会社がまとめて運用し、その収益を投資家に分配する金融商品です。

投資信託の以下の2つの用語を覚えておきましょう。

①基準価額

「1口」（投資信託の単位）あたりの資産価値を表す金額です。基準価額の値上がりで得られる収入が「**キャピタルゲイン**」です。

②分配金

投資家から集めたお金を運用して得た収益を、投資家に還元するお金です。分配金による収入が「**インカムゲイン**」です。

投資信託の収益性は「**総合利回り**」で計算します。公式は以下のとおり。**年間の総合収益＝キャピタルゲイン＋インカムゲイン**です。

$$投資信託の総合利回り（\%） = \frac{年間の総合収益}{投資額} \times 100$$

投資信託の基準価額が1口＝1万円で100口購入（投資額100

万円)、1年後に1口＝1万2000円で売却したとします。1年間の配当金は1口＝500円です。

キャピタルゲイン＝（売値1万2000円×100口）－（買値1万円×100口）＝20万円

インカムゲイン＝1口あたり500円×100口＝5万円

収益合計＝20万円＋5万円＝25万円（税引前）

$$総合利回り(\%) = \frac{収益合計25万円}{投資額100万円} \times 100 = 25\%（税引前）$$

　以上は税引前の総合利回りです。実際には、投資信託の分配金・売却益には税金がかかります。税率は現在、20.315％となっています。

　さらに、税金以外にも、以下のコストがかかります。
①販売手数料
　投資信託の販売会社に支払う手数料です。一般に購入金額の2〜3％程度です。無料（ノーロード）の投資信託もあります。
②信託報酬
　運用・管理に対する報酬として、投資信託の残高から引かれます。一般に資産残高の0.01〜3％程度が毎日自動的に引かれます。
③信託財産留保額
　解約時にかかる解約手数料です。一般に基準価額の0.1〜0.3％程度です。最近は、これをとる投資信託は少なくなっています。

No. 07
アパート・マンション投資の2つの利回り

表面利回りと実質利回りがあるが、収益力を把握するなら実質利回り。

▶ 物件の収益力をざっとつかめる「表面利回り」

アパート・マンション投資（経営）の利回りは、「**表面利回り（グロス利回り）**」と「**実質利回り（ネット利回り）**」があります。

表面利回りは、単純に家賃などの年間収入を購入金額（投資金額）で割ります。一般に、10％以上が投資可能な目安で、公式は、

$$表面利回り（％） = \frac{年間収入}{購入金額} \times 100$$

価格2億円（建物＋土地）、家賃毎月12万円、部屋数15のマンションで、満室だとします。1年間の年間収入は、

家賃12万円×15（部屋）×12カ月＝2160万円

この物件の表面利回りは、

$$\frac{年間収入2160万円}{購入価格2億円} \times 100 = 10.8\%$$

表面利回りは簡単に計算できるので、物件の収益力をざっと把握するときに便利です。

▶ 正確な収益力は「実質利回り」で判断する

ただし、実際には固定資産税や仲介手数料、管理費、ローンの利息など、さまざまな費用がかかります。実質利回りとは、こうしたコストを加味して計算した利回りです。

まず、不動産の投資コストは以下の2つに分かれます。

①**イニシャルコスト**

物件の購入時にかかるコストです。仲介手数料、消費税などです。

②**ランニングコスト**

物件の維持にかかるコストで、管理費、ローンの利息などです。

アパート・マンションの正確な収益力を判断するには、すべてのコストを加えた実質利回りを基準にする必要があります。計算式は、

$$実質利回り(\%) = \frac{(年間収入 - 管理費・税金等諸経費)}{購入価格} \times 100$$

先のケースで管理費・税金等諸経費が年間800万円とすると、実質利回りは、

$$\frac{(年間収入2160万円 - 管理費・税金等諸経費800万円)}{購入価格2億円} \times 100 = 6.8\%$$

アパート・マンション投資は、物件の人気がなくなって入居率が下がる、すぐに売却できない、古くなった建物の資産価値が下がるなどさまざまなリスクがあるので、慎重な投資判断が求められます。

Part 9

借りる
金利・利回りに
強くなろう

No.01 ローンの返済方法①

元金均等償還方式

元金の返済が早く進む方式で、最終的に支払う利息の総額が少なくてすむ。

▶ 元金の返済額が毎回同じ返済方法

「元金均等償還方式」とは、元金（借りた金額）部分の返済額が常に一定で、それに利息をプラスした金額を毎回返済する方法です。

メリットは、最終的に支払う利息総額が最も少ないこと。デメリットは、支払い当初の返済負担が重いことです。

たとえば、1000万円を借入れ、金利3％、期間10年、1年に1回返済で合計10回返済とします。一般的には毎月返済（1年に12回）ですが、計算を簡単にするために1年に1回とします。

毎回の元金返済額は、

1000万円÷10＝100万円

支払う利息金額は、1000万円を金利3％で借りているので、1年後の利息は、

1000万円×3％＝30万円

1回目の返済額は、

元金部分100万円＋利息30万円＝130万円

2回目の借入残高は900万円（1000万円－100万円）になります。2回目に支払う利息は、以下のように減ります。

900万円×3％＝27万円

「○回目の利息返済額」は、以下の公式で計算できます。

{借入額－各回元金返済額×（当該回次－1）}×利率

たとえば、5回目の利息の計算は、以下のようになります。

{1000万円－100万円×（5－1）}×3％＝18万円

このように、利息部分の返済額は回を追うごとに減っていきます。

最後に、元金均等償還方式の元金につく利息合計額は、以下の公式で計算します。

$$\frac{借入額}{返済回数} \times \frac{(返済回数＋1)\times 返済回数}{2} \times 利率$$

では、先ほどのケースで利息合計額を計算してみましょう。

$$\frac{1000万円}{10} \times \frac{(10＋1)\times 10}{2} \times 3\％ ＝ 165万円$$

No.02 ローンの返済方法②

元利均等償還方式

支払う額は常に一定。内訳の元金と利息の比率が変化していく。住宅ローンで最もよく使われる方法。

▶返済額は毎回一定だが、元金と利息の比率が変わる

「元利均等償還方式」は、住宅ローンなどの金額が大きく、返済期間が長いローンに使われます。

毎回の返済金額が一定で、金額の内訳（元金と利息の比率）が毎回変わります。利息は、前回返済後の借入金残高に対してつきます。

メリットは、常に毎回の返済額が一定なので、返済計画が立てやすいこと。デメリットは、返済当初は金利部分ばかりを支払って元金部分がなかなか減らず、元金均等償還方式に比べて利息負担が増えることです。

1000万円を借入れ、金利3％、期間10年、1年に1回返済で合計10回返済とします。一般的には毎月返済（1年に12回）ですが、計算を簡単にするために1年に1回とします。

まず、1回目の返済前の借入金残高（元金＋利息）は、

1000万円×1.03＝1030万円

1回目の返済終了後の借入金残高は、

1030万円－毎回返済額

2回目の返済では、前回の返済後の残高に利息がつくので、

（1000万円×1.03－毎回返済額）×1.03

ここから毎回返済額を引いた金額が2回目の返済を終えた直後の借入金残高になります。

（1000万円×1.03－毎回返済額）×1.03－毎回返済額

この計算を全額返済し終える10回目まで繰り返します。毎回返済額は、最後の10回目で借入残高がゼロになるような額に設定されているのです。

以上は、元利均等償還方式の具体的なイメージをつかんでもらうために説明しました。毎回返済額の求め方の公式は以下のようになります。

$$借入額 \times \frac{\dfrac{利率}{100}}{1-\left(1+\dfrac{利率}{100}\right)^{-返済回数}}$$

※マイナスの乗数計算は関数電卓やPCの表計算ソフトで算出できる

前述した事例を公式に当てはめて計算すると、毎回返済額117万2305円を10回支払い、合計返済額は1172万3050円。

利息合計額は172万3050円（1172万3050円－1000万円）です。元金均等償還方式のときの利息合計額は165万円でしたから、元利均等償還方式のほうが支払う利息が多いことがわかります。

No. 03　ローンの返済方法③

アドオン方式

利息がいつまでも減らない最も効率の悪いローン。

▶ 最後まで当初の借入元金で利息を計算

「**アドオン方式**」は、しくみはシンプルですが、金利負担が最も大きい返済方式なので、利用はできるだけ避けるべきです。

返済終了時まで、借りた最初の元金金額に対して利息がつき、いつまでたっても支払利息は減りません。

アドオン方式で10年という長期借入れはありませんが、ここでは比べやすいように他の2つの返済方法と同じ条件にします。

1000万円を借入れ、金利3%、期間10年、1年に1回返済で合計10回返済とします。一般的には毎月返済（1年に12回）ですが、計算を簡単にするために1年に1回とします。

1回あたりの支払利息の合計額は30万円（1000万円×3%）。よって、10年間で支払う利息合計額と元金を含む返済総額は、以下のようになります。

利息合計額＝30万円×10＝300万円

返済総額＝1000万円＋300万円＝1300万円

No. 04 住宅ローン金利の種類と選び方

変動金利型と固定金利型の主要なものを知っておこう。

▶ 変動金利型のしくみとルール

　住宅ローンの種類と選び方を説明します。まず、金利低下が予想される場合は「**変動金利型**」が有利です。

　適用金利が年2回（4月1日と10月1日）見直され、市場金利におおむね連動するタイプです。

　ただし、6カ月ごとに金利が見直されても、5年間は返済額を据え置く「**5年ルール**」が導入されています。つまり、返済額は5年間変わりません。

　ただし、5年ルールの期間中に金利の見直しがあった場合、返済額の利息部分と元金部分の内訳が以下のように変更されます。

①**適用金利が上がった場合**

　利息が増えるので、利息部分の比率が上がります。上がったぶん、元金部分の返済は遅れます。5年後、毎月返済額が見直されて、金利が上がったぶん毎月返済額が増えます。

②**適用金利が下がった場合**

　利息が減るので、利息部分の比率が下がります。下がったぶん、元金部分の返済は進みます。5年後、毎月返済額が見直されて、金

利が下がったぶん、毎月返済額が減ります。

　変動金利型には、「**25%ルール**」があります。毎月返済額の見直し時に、「25%以上は増額しない」取り決めのことです。
　ただし、本来増やす必要があった返済額を抑えただけの話なので、金利が上がったぶん、総返済額が増えることに変わりはありません。

　「**上限金利特約付変動金利**」は変動金利型の一種ですが、あらかじめ決められた「**上限金利**」を超えないルールがあります。
　上限金利は、金利上昇リスクに対する"保険"ですが、通常の変動金利よりも金利が高くなります。今後、金利上昇の可能性が高く、手数料を払ってでも上限金利をつけたい場合に有効です。

▶3種類の固定金利型住宅ローン

　金利上昇が予想される場合は「**固定金利型**」が有利です。一定の期間中、あらかじめ決められた金利で固定されるタイプです。
　固定金利型は、固定期間が長くなるほど、金利が高くなります。なぜなら、期間が長くなるほど、銀行の住宅ローン金利設定のベースになる市場金利の水準が高くなるからです。

①段階金利型
　一定期間金利が変わらず、その後、段階的に金利が上がります。

②固定金利期間選択型
　最初に決めた1年～10年間程度、金利が固定されます。その後、金利タイプを選び直します。

③全期間固定型
　借入れから完済までの全期間、金利が変わらないタイプです。

金利が上がりそうか下がりそうかで考える

No.05 金利負担を減らせる住宅ローンの一部繰り上げ返済

返済額軽減型と期間短縮型で一部繰り上げ返済をした場合の効果を比べてみよう。

▶「返済額軽減型」と「期間短縮型」がある

「住宅ローンの一部繰り上げ返済」とは、返済期間中に住宅ローンの元金の一部を前倒しで返済して、支払利息を減らす方法です。

住宅ローンで使われている元利均等償還方式（→P276）は、当初の返済額のほとんどを利息が占めています。一部繰り上げ返済を早く行うほど、金利負担を減らすことができます。

一部繰り上げ返済後の支払方法は、「返済額軽減型」と「期間短縮型」の2つから選びます。

①返済額軽減型

返済期間は変えず、毎月の返済額を減らします。月々の支払いを少なくしたい場合に選びます。

②期間短縮型

毎月の返済額は変えず、返済期間を短くします。早く払い終えてしまいたい場合に選びます。

では、繰り上げ返済をしなかったケースと、したケース（①返済額軽減型、②期間短縮型）を比べてみます。

元利均等償還方式の住宅ローンを固定金利5％、返済期間30年の条件で3000万円借りたとします。毎月の返済額は16万1046円。
　その後、10年間返済した時点（残存元金2440万2620円）で、300万円を繰り上げ返済しました。金利負担軽減効果は、

①繰り上げ返済をしなかったケース（残存元金＝2440万2620円）

毎月の返済額＝16万1046円

残存期間＝20年

返済総額＝5797万6566円

②繰り上げ返済したケース

・返済額軽減型（残存元金＝2140万2620円）

毎月の返済額＝14万1247円

残存期間＝20年

返済総額＝5622万4925円

・期間短縮型（残存元金＝2140万2620円）

毎月の返済額＝16万1046円

残存期間＝16年2カ月（3年10カ月短縮）

返済総額＝5357万1820円

　返済額軽減型は、毎月の返済額が1万9799円減り、返済総額が175万1641円減ります。期間短縮型は、毎月の返済額が同じで、返済期間が3年10カ月短くなり、返済総額では440万4746円減ります。**期間短縮型を選んだほうが得**なことがわかります。
　なお、繰り上げ返済と借り換えの試算は、住宅金融支援機構の住宅ローンシミュレーションのサイトなどで簡単に行えます。

No.06

支払利息を減らす
住宅ローンの借り換え

当面の金利、返済額だけでなく、トータルで返済総額が減る効果があるかどうかをチェックすることが大切。

▶ 金利差1%以上が目安

「住宅ローンの借り換え」とは、現在借りている住宅ローンから、より低い金利の住宅ローンに借り換えて、支払う利息を減らす方法です。

ただし、新たに他の金融機関で住宅ローンを組むことになるので、新規と同じ手続きが必要です。勤務先が変わって収入が減っていたりすると、審査に通らない場合もあります。

借り換え契約の際には、「諸費用」（抵当権抹消費用、登録免許税、司法書士手数料、保証料、印紙代など）がかかり、一般に数十万円になります。さらに、住宅ローンを借りていた銀行に、一括返済の手数料も支払う必要もあります。

借り換えをする前に、すべてのコストを計算して、返済総額が減るのかどうかチェックしましょう。

一般に、住宅ローンを借り換える目安として、以下の3つの条件に当てはまるかどうかをみます。

①借り換え前と借り換え後の金利差が1%以上

②ローンの残高が1000万円以上
③返済の残存期間が10年以上

　借り換えで適用金利は低くなっても、固定金利型から変動金利型（または固定金利期間選択型）に変えた場合、将来、金利が上昇したら、返済負担が増えるかもしれません。
　当面の金利や返済額だけに目を奪われず、トータルで利息軽減効果が出せるかどうかを見極めることが大切です。

　元利均等償還方式の住宅ローンを固定金利5％、返済期間30年の条件で3000万円借りたとします。毎月の返済額は16万1046円。
　20年間返済した時点（残存元金1518万3682円）で、固定金利3％に借り換えました。諸費用は30万円かかるとします。このときの金利負担軽減効果は以下のようになります。

①借り換えを行わない場合
毎月の返済額＝16万1046円
返済総額＝5797万6566円

②借り換えた場合
毎月の返済額＝14万6614円
返済総額＝5624万4756円

　借り換えたことで、①毎月の返済額は1万4432円（16万1046円－14万6614円）、②返済総額は173万1810円（5797万6566円－5624万4756円）減りました。諸経費を30万円払ってでも、借り換えをしたほうが得です。

装　丁	大場君人
イラスト	大野文彰（大野デザイン事務所）
本文デザイン・DTP	松好那名（matt's work）
図版協力	野津淳子（のノ字ラボ）
写　真	榊智朗

【編著者紹介】

上野　泰也（うえの・やすなり）

● ――みずほ証券チーフマーケットエコノミスト。1963年青森県生まれ、育ちは東京都国立市。85年上智大学文学部史学科卒業。法学部法律学科に学士入学後、国家公務員Ⅰ種試験に行政職トップで合格、86年会計検査院入庁。88年富士銀行（現みずほ銀行）入行。為替ディーラーを経て為替、資金、債券の各セクションでマーケットエコノミストを歴任。2000年みずほ証券設立にともない現職に就任。

● ――質・量・スピードを兼ね備えた機関投資家向けのレポート配信、的確な経済・市場予測で高い評価を得ており、「日経公社債情報」エコノミストランキングで2002年から6年連続で第1位、その後身の「日経ヴェリタス」エコノミストランキングで2011、16～21年に第1位（通算13回は最多記録）。共同通信「経済予測ダービー」で2011年、12年に第1位。

● ――著書に『No.1エコノミストが書いた世界一わかりやすい為替の本』のほか、同じシリーズで『経済の本』『株式の本』、『トップエコノミストが教える金融の授業』（かんき出版）、『トップエコノミストの経済サキ読み術』（日本経済新聞出版社）、『国家破局カウントダウン 日本を救う三つの処方箋』『「為替」の誤解』（朝日新聞出版）、『日本経済「常識」の非常識』（PHP研究所）、『デフレは終わらない』『虚構のインフレ』（東洋経済新報社）、『「依存症」の日本経済』（講談社）、『チーズの値段から未来が見える』（祥伝社）など。経済雑誌への寄稿も多数。

【執筆者紹介】

河合　起季（かわい・たつき）

● ――経済ジャーナリスト。1961年生まれ。近代セールス社など金融専門出版社に勤務。近代セールス社では、銀行業界情報誌の副編集長として外国為替、投資信託、年金関連の企画立案・編集を行う。1999年編集プロダクション「企画・編集室サガズ」設立。

● ――ＦＸ取引実績、為替知識を生かし、『ダイヤモンドZAi』（ダイヤモンド社）など各誌で外貨建て金融商品・為替相場の解説をするほか、幅広く金融関係のテーマを手がける。ビジネス情報サイト『DIAMOND online』『DIAMONDハーバード・ビジネス・レビュー』などでも執筆中。

No.1エコノミストが書いた
世界一わかりやすい金利の本　　　〈検印廃止〉

2018年4月2日　第1刷発行
2022年1月21日　第7刷発行

編著者――上野　泰也
発行者――齊藤　龍男
発行所――株式会社かんき出版
　　　東京都千代田区麹町4-1-4 西脇ビル　〒102-0083
　　　電話　営業部：03(3262)8011㈹　編集部：03(3262)8012㈹
　　　FAX　03(3234)4421　　　振替　00100-2-62304
　　　http://www.kanki-pub.co.jp/

印刷所――新津印刷株式会社

乱丁・落丁本はお取り替えいたします。購入した書店名を明記して、小社へお送りください。ただし、古書店で購入された場合は、お取り替えできません。
本書の一部・もしくは全部の無断転載・複製複写、デジタルデータ化、放送、データ配信などをすることは、法律で認められた場合を除いて、著作権の侵害となります。
©Yasunari Ueno 2018 Printed in JAPAN　ISBN978-4-7612-7333-0 C0033

No.1エコノミストの経済入門シリーズ

みずほ証券チーフマーケットエコノミスト
上野 泰也=編著

本体：1500円

人気ランキング通算13回第1位の実力派エコノミストが図解でやさしく解説した為替入門の決定版！　円高・円安の意味から外為市場と取引のしくみ、為替レート変動の理由、代表的な通貨、相場の読み方と予測まで網羅。実務家から学生やビジネスパーソン、投資家のほか、外貨預金、FXを考える人にも必須の1冊です。

- Part1 ● 為替は私たちの生活にとても身近な存在
- Part2 ● 外国為替取引の基本を理解しよう
- Part3 ● 経済が為替相場を動かす基本的なしくみを理解しよう
- Part4 ● 為替相場の動きと経済のつながりを詳しくみてみよう
- Part5 ● 外国為替相場を動かすプレーヤーたち
- Part6 ● ドル以外の通貨の実力は？
- Part7 ● 為替相場の動きの法則と読み方・考え方